Harald Wagner
LIMBURG entdecken!

Mit Insidertipps für Besucher und Limburger

Vorwort:
Bürgermeister der Kreisstadt Limburg a. d. Lahn Martin Richard

Nachschlag:
Kabarettist Dieter Thomas vom Frankfurter Fronttheater

AKTUALISIERUNGEN & ERGÄNZUNGEN UNTER:

HOMEPAGE: www.limburg-entdecken.de
TWITTER: www.twitter.com/Limburg_Entdecken
RSS: www.limburger-altstadt.de/Limburg_Entdecken.php
Newsletter: www.limburg-entdecken.de

Vorwort

Liebe Leser,

fast jeder kennt den berühmten Limburger Dom von seinen Fahrten auf der A 3. Um diese beeindruckende Kathedrale, die zu den wichtigsten europäischen Kunstdenkmälern zählt, gruppiert sich ein großartiges Ensemble von alten Fachwerkhäusern. Sachkundig restauriert und hochdekoriert mit vielen Preisen ist unsere Stadt ein beliebter Anziehungspunkt für Menschen aus aller Welt.

Limburg ist aber nicht stehengeblieben und hat sich auch nicht gemütlich als Museum eingerichtet, sondern entwickelte sich zu einem dynamischen Wirtschaftsstandort am Rande des Rhein-Main-Gebiets. Große Konzerne sind hier ebenso mit Produktionsstätten vertreten wie mittelständische Firmen, die weltweit für ihre einzigartigen technischen Innovationen bekannt sind. Dazu Einzelhandel, Hotellerie und Gastronomie, die kaum Wünsche offen lassen. Hinzugekommen ist ein ICE-Bahnhof. Damit liegt Limburg nur noch wenige Minuten vom Airport und Messeplatz Frankfurt sowie Köln entfernt. Folglich rücken natürlich alle anderen Großstädte und Metropolen Europas in greifbare Nähe. Dieser ideale Standort und die zentrale Lage in Deutschland haben Limburg noch stärker zu einem begehrten Tagungs-, Seminar- und Messestandort gemacht. Die Entwicklung unserer Innenstadt hat mit der Erschließung des riesigen, stillgelegten Bundesbahnausbesserungswerkes aktive Impulse bekommen. Dort entstand ein vollkommen neuer Stadtteil: Die WERKStadt – die sich nahtlos an die Innenstadt anschließt.

Der fachkundige Autor beschreibt im vorliegenden Reiseführer spannend und informativ zugleich, was den Charme unserer Domstadt ausmacht und vermittelt dabei einen umfassenden Eindruck unserer liebenswerten Stadt, ihrer Geschichte und den vielfältigen Möglichkeiten, die ein Besuch oder Urlaub bei uns bietet. Er ist auch bestens geeignet für Einwohner und Neulimburger, die sich intensiver über ihren Wohnort informieren wollen. Deswegen möchte ich dieses Buch jedem Interessierten ans Herz legen.

Nicht nur ich, alle Bürger dieser 1100 Jahre alten Stadt heißen Sie
HERZLICH WILLKOMMEN!

Martin Richard
Bürgermeister der Kreisstadt Limburg a. d. Lahn

Der Autor

Harald Wagner

Nach dem Studium der Betriebs- und Volkswirtschaft sowie der Publizistik und Politologie an der Freien Universität Berlin war der Autor viele Jahre in den verschiedensten Branchen in führenden Positionen tätig.

Seit 1998 arbeitet er als Wortwerker und Webdesigner, der Schwerpunkt liegt hier im Bereich Kunst & Kultur. Er betreut viele Internetauftritte und hat in Limburg, zusammen mit Hendrike v. Sydow und Dieter Thomas vom Frankfurter Fronttheater, die erfolgreiche Show- und Veranstaltungsreihe „Sterne der Heimat" ins Leben gerufen. Er kennt sich bestens in der gesamten Limburger Szene aus. Das Ergebnis ist ein kenntnisreicher und gründlich recherchierter Reiseführer über Limburg.

Website des Autors: www.limburg-entdecken.de
E-Mail: haraldwagner@limburg-entdecken.de

Das Buch

Der Reiseführer entstand, weil es kein Standardwerk für Limburg im Bereich Reisen gibt. Wenn, dann nur stark verkürzte Erwähnungen in Sammelwerken oder reine Fotobücher. Der Autor hatte außerdem den Wunsch, ein solches Buch nicht nur für Besucher der faszinierenden Stadt Limburg zu entwerfen, sondern auch für Einwohner oder Neubürger, die das Wissen über ihre Stadt vertiefen und alles Wesentliche erfahren wollen – ohne gleich schwer verständliche Fachbücher wälzen zu müssen.

Das Buch öffnet den Blick auf eine der schönsten Altstädte in Deutschland und will das Interesse für die Geschichte und Entwicklung Limburgs wecken. Dazu bietet es aktuelle und interessante Informationen zum modernen Limburg, seiner Kultur, den Einkaufsmöglichkeiten, der Gastronomie und vieles mehr. Mit einer topaktuellen, extra für dieses Buch entworfenen 3-D-Karte verschafft es außerdem einen sehr guten Überblick über die gesamte Innenstadt.

In Planung ist außerdem eine APP für das iPhone sowie eine englische Printausgabe des Reiseführers. Ergänzungen und Aktualisierungen sind im Internet unter **www.limburg-entdecken.de** zu finden.

Trotz aller Gründlichkeit und sorgfältiger Recherche schleichen sich manchmal Fehler ein, für die der Autor keine Haftung übernehmen kann. Anregungen und Hinweise helfen aber, den Reiseführer ständig zu verbessern. Aktualisierungen und Ergänzungen auf **www.limburg-entdecken.de**.

IMPRESSUM

create-art.de edition! Berlin
Büro Limburg:
Römer 1 • 65549 Limburg
Tel. +49 700/42 72 53 92
(max. 12 ct/Min aus dem deutschen Festnetz, ggf. abweichende Mobilfunktarife)

1. Auflage 2011 - 5.000 Stk.

Buchcover/Umsetzung und Gestaltung: Ermon Design
ermon@grafissimo.de
Druck: Ruster & Partner, Elz

Die Deutsche Nationalbibliothek verzeichnet diese Publikation in der Deutschen Nationalbibliografie; detaillierte bibliografische Daten sind im Internet über: http://d-nb.de abrufbar.

Inhalt

LIMBURG

Wissenswertes

Limburg Zahlen • Daten • Fakten

Die Herkunft des Namens Limburg ist bis heute nicht vollständig geklärt und geht mit hoher Wahrscheinlichkeit auf eine aus Merowingerzeit stammende Burg zurück. Im Jahr 910 findet sich die erste urkundliche Erwähnung der „Lintburc".

Limburg ist die Kreisstadt des hessischen Landkreises Limburg-Weilburg (175.000 Einwohner, neunzehn Städte und Gemeinden) und gehört zum Regierungsbezirk Gießen. Sie besteht aus der Kernstadt und sieben Stadtteilen.

Limburg ist ein sogenanntes Mittelzentrum mit den Teilfunktionen eines Oberzentrums und liegt im Westen von Mittelhessen, zwischen Taunus und Westerwald, direkt an der Lahn. Durch das günstige Klima und den fruchtbaren Boden ist das Limburger Becken eine der ertragreichsten Agrarlandschaften Hessens.

Die bekannte Fachwerkstadt hat drei Partnerstädte: Sainte-Foy-lès-Lyon in Frankreich, Lichfield in England sowie Oudenburg in Belgien.

↪ *www.partnerschaftsverein-limburg.de*

Das St.-Vincenz-Krankenhaus auf dem Schafsberg verfügt über knapp fünfhundert Betten und vierzehn medizinische Fachabteilungen, darunter eine Schlaganfallakutstation, zwölf Dialyseplätze und vierzehn Intensivbetten.

↪ www.st-vincenz.de

Limburg

Autokennzeichen:	LM
Postleitzahlen:	65549-65556
Telefonische Vorwahl:	06431
Einwohnerzahl:	ca. 36.000
Altstadt:	ca. 1.000 Einwohner
Bevölkerungsdichte:	747 Einwohner je km^2
Gesamtfläche:	ca. 45 km^2
Höhenlage:	117 m über NN
Geografische Lage:	50° 24′ nördlicher Breite 8° 05′ östlicher Länge

Verkehr

Schon von jeher ist Limburg ein traditioneller Verkehrsknoten, einer der Gründe, weswegen die Stadt bis heute ein starker Wirtschaftsstandort ist. Sie liegt im Zentrum der Regionen Frankfurt und Köln, Koblenz und Wiesbaden. Bereits im Mittelalter kreuzte hier die Via Publica (Handelsstraße) die schiffbare Lahn, die damals ein wichtiger Verkehrsweg war. Heute treffen sich hier die Autobahn A 3 und die Bundesstraße B 8, die weitgehend dem Verlauf der alten Handelsstraße von Antwerpen nach Konstantinopel folgt. Zwei weitere Bundesstraßen, die B 49 und B 54, verbinden Limburg nach

Westen mit Koblenz und nach Osten mit Gießen. Auf der B 54 gelangt man in Richtung Norden nach Siegen und in Richtung Süden ist Wiesbaden zu erreichen. Eine weitere Bundesstraße, die B 417, führt ebenfalls nach Wiesbaden.
In der Innenstadt liegt der Hauptbahnhof, ein zentraler Knotenpunkt der Unterwesterwaldbahn, der Oberwesterwaldbahn und der Main-Lahn-Bahn. Seit der Inbetriebnahme der Hochgeschwindigkeitsstrecke Frankfurt-Köln im Jahr 2002 besitzt Limburg außerdem einen ICE-Bahnhof – der einzige Bahnhof in Deutschland, der exklusiv Hochgeschwindigkeitszügen vorbehalten ist. Der Frankfurter Flughafen ist damit nur noch siebzehn Minuten, die Innenstadt Frankfurts sechsundzwanzig Minuten entfernt und in schnellen fünfundvierzig Minuten ist die City von Köln erreichbar. Stark verkürzt haben sich außerdem die Fahrzeiten in viele europäische Metropolen. Der nächstgelegene Flughafen ist der Frankfurter Airport in 65 km Entfernung, zudem liegen in Reichweite der Flughafen Köln-Bonn (110 km) und der Flughafen Frankfurt-Hahn (130 km).

Die Lahn hat ihren Stellenwert als Verkehrsstraße verloren und wird heutzutage nur noch von Freizeitbooten, Kanus und Ruderbooten genutzt. Von Limburg aus fährt das Fahrgastschiff „Wappen von Limburg" regelmäßig nach Balduinstein und zurück. ➦ *S. 107*

Wirtschaft

Limburg ist ein dynamischer Wirtschaftsstandort am Rande des Rhein-Main-Gebiets. Große Konzerne sind hier ebenso mit Produktionsstätten vertreten wie mittelständische Firmen, die weltweit für ihre einzigartigen technischen Innovationen bekannt sind. Weitere achtzehntausend Arbeitnehmer arbeiten außerdem im Dienstleistungssektor.
Durch die zentrale Verkehrslage ist Limburg ein begehrter und aufsteigender Tagungs-, Messe- und Seminarstandort. ➦ *www.meetingcity-limburg.de*
Limburg ist das zentrale Einkaufszentrum, darüber hinaus auch das Kultur-, Schul-, Bildungs-, Behörden- und Gesundheitszentrum für eine viertel Million Menschen.

Tourismus

Die Fachwerkstadt verzeichnet in den vergangenen Jahren ein stetes Ansteigen der Tourismuszahlen. Fast zwei Millionen Besucher aus der ganzen Welt kommen jedes Jahr nach Limburg. Durchschnittlich einhundertfünfzigtausend Übernachtungen in über tausend Betten (elf Hotels, neun Gasthöfe, neunzehn Ferienwohnungen, eine Jugendherberge und ein Campingplatz) sowie mehr als zweitausend Stadtführungen und fast zweitausend Busse werden jährlich gezählt.

links: der Dom und die A 3
Foto von Eckhard Krumpholz
oben: Blick auf den Fischmarkt

Imposant: der Limburger Dom

LIMBURG

Hessisch-Hochdeutsch

äbsch → schlecht gelaunt, sauer | ***anner*** → der Andere | ***asch*** → sehr, arg | ***ausbabbele*** → zu Ende sprechen | ***Babbedeggel*** → Pappe, Führerschein | ***Babbele*** → reden | ***Babbelwasser*** → Alkohol | ***babbisch Guuutsje*** → sehr unappetlich | ***Babbsagg*** → ungepflegter Mensch | ***babbsatt*** → vollkommen satt | ***Bembel*** → Apfelweinkrug | ***Blunse*** → Blutwurst | ***Bobbelsche*** → Baby | ***Bobbes*** → Po | ***Bumbesje*** → Fürzchen | ***Dabbes*** → einer, der in jedes Fettnäpfchen tritt | ***Dorschenanner*** → Durcheinander | ***dribbdebach*** → andere Flussseite | ***ebbes*** → etwas | ***Ebbelwoi*** → Apfelwein | ***Ei guuuudde wie?*** → Guten Tag, wie geht's? | ***enuff*** → hinauf | ***enunner*** → hinunter | ***Forz mit Krücke*** → abwertende Meinung über etwas | ***Gelersch*** → Gerümpel | ***Gemoje!*** → Guten Morgen! | ***Genacht!*** → Gute Nacht! | ***Grie Sos*** → Grüne Sauce | ***gugge*** → schauen | ***Hannebambel*** → Trottel, Schwächling | ***hibbdebach*** → diese Flussseite | ***hibbelisch*** → nervös, unruhig | ***Kinnerschees*** → Kinderwagen | ***Kischedischdischdicher*** → Küchentischtischtücher | ***Kloberschd*** → Klobürste | ***Kneibbsche*** → kleines Küchenmesser | ***Knodderbikks*** → Meckerer | ***Kolder*** → Wolldecke | ***Kraanewasser*** → Leitungswasser | ***Kräbbel*** → Krapfen | ***Krumbeern*** → Kartoffeln | ***Latwersch*** → Pflaumenmus | ***lebsch*** → fad gewürzt | ***Lumbeseckel*** → hinterhältige Person | ***Maaanese?*** → Meinen Sie? | ***Mobbelsche*** → dickere Person | ***Oigeplackter*** → Fremder, der in Hessen wohnt | ***Riwwelkuche*** → Streuselkuchen | ***schebb*** → schief | ***Schnippelsche*** → winziges Stück | ***Schnuggelsche*** → Kosewort für den/die Liebste | ***Schöppsche*** → kleines Glas Apfelwein | ***Schtöffsche*** → Apfelwein | ***Uffschnitt*** → Wurst-Aufschnitt | ***Urumpel*** → Sturkopf | ***Worrscht*** → Wurst | ***Zorngickel*** → Choleriker | ***Zuggerschneggsche*** → Zuckerschnecke, auch Kosewort für den/die Liebste

Typische Redewendungen:

Aaaasch glaaab s geeed lous! → Ich glaube, du bist verrückt! | ***Di hat do en Dubbe!*** → Die spinnt! | ***Du aaahle Babbsagg*** → Alter Spinner | ***Kenndisch grad verriggd wern!*** → Da könnt ich verrückt werden! | ***Mer waaases net*** → Man weiß es nicht genau | ***Uffgebassd*** → Achtung! | ***Unn?*** → Was geht ab? | ***Was hattan der Babba da?*** → Was hast du denn da in der Hand?

Vor- und Frühgeschichte

50 000 v. Chr. Die ersten Spuren von Menschen (Neandertaler) in der Nähe von Limburg. ***4000–2000 v. Chr.*** Aus der Jungsteinzeit finden sich zahlreiche Spuren im Limburger Becken (Bandkeramik, Megalithkultur u. a.), erster Ackerbau und Viehzucht. ***1200–800 v. Chr.*** Funde aus der Urnenfelderkultur. ***500 v. Chr.*** Die ersten Kelten wandern aus dem Raum Hunsrück-Eifel ein und hinterlassen Spuren auf dem Gelände der Domvikarie. ***83–85 n. Chr.*** Kaiser Domitian lässt den Limes erbauen. Die Gegend um das heutige Limburg bleibt zwar außerhalb des römischen Herrschaftsgebietes, gerät aber durch die Nähe zum Limes in den Einflussbereich der Römer. ***496 n. Chr.*** Durch den beginnenden Zerfall des römischen Imperiums kann der Frankenkönig Chlodwig sein Reich ausdehnen. Nach dem Sieg über die Alemannen fällt den Franken das gesamte rechtsrheinische Gebiet zu und die fränkische Besiedlung des Limburger Beckens beginnt. Damit endet auch die Völkerwanderung rund um Limburg und es entstehen fränkische und merowingische Siedlungen, auch um die verbliebenen Alemannen zu kontrollieren. Das Land wird in Gaue eingeteilt: Niederlahngau, Oberlahngau, Endersgau und Königsondergau. ***600 n. Chr.*** Reger Handel und neue Verkehrswege entstehen. Am Knotenpunkt Limburg kreuzen sich wichtige von Ost nach West und Nord nach Süd führende Handelswege, wie zum Beispiel die „Hohe Straße", die von Antwerpen über Köln, Frankfurt nach Ungarn und weiter nach Konstantinopel führt. Beginnende Christianisierung Limburgs und der Umgebung.

Gründung und erste Entwicklung der Stadt

10. Februar 910

Erste urkundliche Erwähnung der Stadt. König Ludwig das Kind schenkt dem Gaugrafen Konrad den Fronhof Oberbrechen mit allem Zubehör, Gebäuden, Kirche, Zehntem, Gesinde und Land für das Stift „auf einem Berge, der Lintburc genannt wird". Konrad Kurzbold tritt für die Kirche auch einen Teil seiner Burganlage ab. Bei der aufgeführten Kirche handelt es sich um ein Kanonikerstift*, das der Graf in seiner Burg, auf dem heutigen Domfelsen, ansiedelte. Mit der gleichzeitigen Gründung des Chorherrenstifts, das dem hl. Georg geweiht wurde, gewinnt Limburg weiter an Bedeutung. Die Gründung des Stifts und die damit verbundene Schenkung sollen dem späteren Seelenheil des Stifters dienen, der keine

Limburgs erste Erwähnung in einer Urkunde vom 10. Februar 910
Quelle: HHStA Wiesbaden

Nachkommen hat. Zweifellos ist diese Gründung des Stifts aber auch ein Akt des politischen Kalküls, da im Zeitalter der ottonischen Kirchenpolitik, den kirchlichen Instanzen wichtige staatliche Verwaltungsaufgaben übertragen werden. Konrad Kurzbold als Berater Ottos des Großen weiß auch in seinem eigenen Herrschaftsbereich die politische Verwertbarkeit solcher Stifte wohl zu schätzen. Besonders die konradinischen Stiftsgründungen im Lahngebiet (Limburg-Weilburg-Wetzlar) sind systematisch und mit großem

Konrad Kurzbold
Stiftsgründer in Limburg

Die Konradiner gehören zu dieser Zeit zu den wichtigsten Familien im Reich und mit Konrad I. stellen sie sogar sieben Jahre lang den König. Die Bezeichnung Konradiner ist erst später wegen der häufigen Verwendung des Namens Konrad in der Ahnenfolge eingeführt worden. Das Geschlecht ist ursprünglich auf der linken Rheinseite angesiedelt. Zur Zeit der Karolinger verlegen sie ihr Herrschaftsgebiet jedoch auch über die Lahn bis nach Thüringen.

Konrad Kurzbold entstammt diesem Geschlecht und ist als Nachfolger seines Vaters ab 902 Graf im Niederlahngau und außerdem ein Vetter des ersten deutschen Königs Konrad I. Kurzbold ist im Auftrag der Krone in militärischen und diplomatischen Geschäften tätig. Drei deutsche Könige – Konrad I., Heinrich I. und Otto der Große – schätzen die militärischen Leistungen und den politischen Rat des Grafen von der Lahn, der schon zu Lebzeiten „Konrad der Weise" genannt wird. Wie viel Respekt man ihm noch dreihundert Jahre später entgegenbringt, beweist eindrucksvoll die aus dem 13. Jahrhundert stammende Hochgrabplastik im Dom, die den Limburger Grafen in dem idealisierten Gestus staufischer Herrschergestalten darstellt. Das Grab des am 10. Juni 948 verstorbenen Konrad Kurzbold befindet sich nach mehreren Umbettungen im nördlichen Querhaus des Limburger Doms. ↪ *S. 58*

Gaugraf Konrad Kurzbold, Stiftsgründer. Grabmal im nördlichen Querhaus des Limburger Doms

Geschick unter geopolitischen Gesichtspunkten platziert: Sie suchen für ihre Insassen nicht die fromme Abgeschiedenheit von der Welt, sondern sie sollen im Mittelpunkt stehen und selbstbewusst als geistliche und geistige Zentren in die sie umgebende Welt hineinwirken können. Diese Intention erfüllt das hoch dotierte Limburger Kollegiatstift bald so gut, dass es, nicht zuletzt auch wegen seiner ökonomischen Potenz, mehr Anziehungskraft für die Besiedlung Limburgs ausübt als die Burg selbst.

***Kanoniker** waren Kleriker aller Weihestufen und lebten im Gegensatz zu anderen Priestern und Diakonen in Gemeinschaften. Sie gehörten keinem Orden an und versahen den Gottesdienst an ihrer Kirche. Sie trugen eine Ordenstracht und durften im Gegensatz zu den Mönchen persönlichen Besitz haben. Mit der Säkularisation 1803 kam das Ende für alle Kanonikerstifte in Deutschland.

940 Schenkung Ottos I. an den Gaugrafen Konrad für das „in loco Lintburc" (am Orte Limburg) erbaute St. Georgenstift. Gegenstand der Schenkung ist der ehemalige Besitz des fränkischen Herzogs Eberhard im Oberlahngau. Zwei Jahre später nimmt der König das Stift auf Wunsch Konrad Kurzbolds sogar unter seinen Schutz und macht es damit unantastbar. **966** Eberhard, der letzte Konradiner, stirbt. Um Limburg herum herrschen die Grafen von Diez, ab **1074** das führende Geschlecht der Region. In Limburg selbst herrschen im 11. Jahrhundert die Grafen Luxemburg-Gleiberger, Verwandte der ausgestorbenen Konradiner. Es folgen die Grafen von Peilstein-Kleeberg-Mörle und danach die Grafen von Leiningen. **1160** Die jahrhundertelang genutzte Furt durch die Lahn wird von einer hölzernen Brücke abgelöst. Ab 1227 wird an der Holzbrücke der herrschaftliche Zoll erhoben. Die gestiegene Bedeutung der Stadt lässt sich auch aus einer Münzprägung

durch den Grafen Emicho von Leiningen (1180) und dem Rechnen nach dem Limburger Maß (in einer Urkunde Kaiser Heinrichs VI. aus dem Jahr 1195) ersehen.

Herrschaft der Isenburger

1219 Heinrich von Isenburg beerbt die Pfalzgrafenfamilien Peilstein und Leiningen. Beginn der Isenburger Herrschaft, die fast zwei Jahrhunderte anhalten soll und eine Phase von Ruhe und wirtschaftlichem Aufschwung bringt. **1230** Bau der großen Ringmauer entlang der Grabenstraße und des Eschhöfer Wegs. Die herrschende Schicht sind zu dieser Zeit reiche Kaufmannsfamilien, deren Häuser überwiegend in der Nähe des Burgtores stehen. Die meisten der einfachen Handwerker leben am heutigen Rossmarkt. In den städtischen Gremien sind sie zu diesem Zeitraum nicht vertreten. Erst ab 1458 dürfen sie zwei Vertreter in den Rat entsenden. **1235** Am 11. August wird die Stiftskirche St. Georg (der heutige Dom) durch Theodor von Wied, Erzbischof von Trier, geweiht. **1248–1258** Teilung des isenburgischen Besitzes. Gerlach I. erhält dadurch die Herrschaft über Limburg und nennt sich nun nach seinem neuen Herrensitz „von Limburg". Er lässt das Schloss ausbauen und den romanischen Mittelbau errichten. In seiner Regierungszeit kommt es zu Auseinandersetzungen mit der Bürgerschaft, der es dabei gelingt, die Rechte der Freizügigkeit, Verfügung über ihren Besitz, ungehinderte Eheschließung, einen eigenen Gerichtsstand, Steuerhoheit und freie Berufswahl durchzusetzen. ***1289*** Am 14. Mai vernichtet ein Großbrand große Teile der Altstadt. Beim nachfolgenden Wiederaufbau

Historische Ansichten von der Plötze

Tilemann Elhen von Wolfhagen – Berühmter Stadtschreiber

Einer der bekanntesten Limburger ist der Chronist Tilemann Elhen von Wolfhagen. In der Zeit von ***1370–1398*** bekleidet er das Amt des Stadtschreibers und verfasst die bekannte Limburger Chronik, in der er historische Geschehnisse und tägliche Begebenheiten notiert. Die kulturgeschichtliche Bedeutung dieser Schrift kann, trotz einiger Fehler, nicht hoch genug bewertet werden.

Eigentlich ist Tilemann kein Limburger, sondern ***1347*** im nordhessischen Wolfhagen geboren. Er studiert Theologie und empfängt die niederen Weihen. Als Kleriker muss er nicht zölibatär leben, sodass er die Enkelin des damals sehr angesehenen Bürgermeisters Johann Boppe ehelichen kann.

Als kaiserlicher Notar und als Stadtschreiber nimmt er an den Ratssitzungen teil, gibt Formulierungshilfen und fixiert die Beschlüsse schriftlich. Die mittelalterliche Bezeichnung „Scriba"(=Schreiber) meint keineswegs den heutigen Amtsgehilfen, sondern eher den Kanzleichef – der oft auch der einzige Akademiker im Rat ist.

entstehen ***1289*** bis ***1296*** die ältesten noch erhaltenen Häuser Limburgs. Die Chronisten berichten, man habe nach diesem Brand freie Sicht vom Fischmarkt bis zum Rossmarkt gehabt. ***1315*** Beginn des Baus der steinernen Lahnbrücke mit acht Bögen, die Stadtmauer wird bis an die Lahn vorverlegt. Einige Jahrzehnte lang bestehen beide Brücken nebeneinander. ***1342*** Erneuter Großbrand in Limburg. Ursache ist vermutlich ein Meteoriteneinschlag im „Haus Rebstock" am Fischmarkt 7. Nur der Burgberg bleibt vom Feuer verschont. ***1344*** Verpfändung der halben Stadt und der Herrschaft über Limburg an die Trierer Kurfürsten. ***1349 + 1356 + 1365*** Ausbruch der Pest in Limburg. ↪ *S. 35.* ***1357*** Kaiser Karl IV. erlaubt der Stadt, Brückenzoll zu erheben, nachdem schon zuvor illegal Gebühren durch die Limburger kassiert wurden. ***1358*** Der Limburger Bürger und Schöffe Werner Senger vermacht in seinem Testament den größten Teil seines Vermögens und Grundbesitzes dem Bürgerspital. Sinn und Zweck der Stiftung ist die Unterstützung von Pilgern, Armen und Kranken. In diesem Sinne wird sie noch heute von der Stadt verwaltet. ***1374*** Das „Gericht auf dem Berge". Die Limburger Bürgerschaft verteidigt erfolgreich ihre Freiheiten vor den Herren der Stadt.

Die Stadt in Kurtrier

1406–1420 Durch den Tod des letzten Isenburgers Johann II. (1402) fällt die Stadt zunächst an seinen Schwiegersohn Graf Adolf von Nassau und nach dessen Tod an Kurtrier. ***1426–1482*** Häufiger Wechsel der Pfandherrschaft über Limburg. Als Pfandherren treten von ***1482*** bis ***1624*** die Herren der Landgrafschaft Hessen und Kurtrier als Mitregenten in Limburg auf. ***1525*** Der Deutsche Bauernkrieg hinterlässt auch in Limburg Spuren, wenn auch bei Weitem nicht so blutige wie in anderen Regionen. Durch die Erhebung der Bürger werden die „Limburger Artikel" formuliert, die im Wesentlichen ein größeres Mitspracherecht bringen sollen. Sie werden vom Magistrat zwar anerkannt, aber nach dem Scheitern des Bauernaufstands lehnt der Kurfürst Richard von Greifenclau die neuen Regelungen ab und nimmt sogar frühere Reformen zurück. Die Gemeinde verliert dadurch vorübergehend jegliche Mitsprache. ***1548*** Das Stadtbuch „Ordenung der Obrigkeit" vom Limburger Stadtschreiber Georg Rauscher entsteht. Die Niederschrift der rechtlichen Bestimmungen bringt mehr Rechtssicherheit. ***1610–1612*** Einen kenntnisreichen und detaillierten Einblick in diese Zeit ermöglicht die Limburger Chronik des Stiftsdekans Johannes Mechtel. ***1618–1648*** Truppendurchzüge, Besetzungen und Plünderungen machen der Stadt und der Bevölkerung während des Dreißigjährigen Kriegs schwer zu schaffen. Angesichts der chaotischen Zustände flüchten viele Bürger aus der Stadt. Durch den erneuten Ausbruch der Pest im Jahr ***1637*** ist sie zeitweise fast völlig verwaist. ***1624*** Kurfürst Christoph von Soetern löst die hessische Pfandschaft über Limburg ein und die Stadt untersteht nach fast 300 Jahren geteilter Regierung nur noch Kurtrier. ***1665*** Die Grafen von Walderdorff lassen ihren Wohnsitz, den Walderdorffer Hof, in seine noch heute bestehende Form um- und ausbauen. ↪ *S. 32* ***1768–1789*** Befestigung der Straßen nach Koblenz, Frankfurt und Köln. Limburg hat 2.111 Einwohner. ***1774*** Durch einen Blitzeinschlag gerät der Vierungsturm des Doms in Brand und wird anschließend neu errichtet. ***1792–1797*** Die Revolutionskriege treffen auch Limburg schwer. Der Trierer Kurstaat bricht nach der Besetzung des linken Rheinufers durch die Franzosen zusammen. Flüchtende Truppen richten große Schäden an. Die Brückenvorstadt geht in Flammen auf, viele Menschen werden getötet und misshandelt.

Historische Ansicht vom Bischofsplatz

Die Stadt im Herzogtum Nassau

1802 Am 10. Juni 1802 gelingt im kaiserlichen Werbehaus, heute Werner-Senger-Haus genannt, die Verhaftung und Inhaftierung des prominenten Räuberhauptmanns Schinderhannes. Er wird zunächst nach Frankfurt, danach weiter nach Mainz überführt, wo man ihn vor Gericht stellt und zum Tode verurteilt. ↪ *S. 16* ***1803*** Beginn der Säkularisierung. Weitgehende Entmachtung und Enteignung der katholischen Kirche. Am 28. Dezember 1802 erfolgt die Übernahme der Stadt und des Amtes Limburg durch Nassau-Usingen, die dann für sechzig Jahre zum ***1806*** gegründeten

Herzogtum Nassau gehört. **1808** Die Lahn gewinnt als Transportweg an Bedeutung. Es entstehen Anlandeplätze für Salz (an der Obermühle), für Frucht und das berühmte Selterswasser (am Philippsdamm und in der Erbach), das von hier aus in die ganze Welt exportiert wird. **1815** Der Wiener Kongress beginnt. Er bringt eine neue Friedensordnung, die bis 1848 hält. Elsass-Lothringen bleibt französisch, im Westen tritt Preußen an die Stelle der Österreicher und an die Stelle des Heiligen Römischen Reichs Deutscher Nation der „Deutsche Bund". Dieser besteht aus fünfunddreißig souveränen Fürsten und vier freien Städten. Das Herzogtum Nassau verliert zwar durch Gebietsabtretungen ca. fünfzehn Prozent seiner Fläche, erlangt dadurch aber eine größere innere Geschlossenheit. Wilhelm von Oranien wird erster König der Vereinigten Niederlande (Holland, Belgien, Luxemburg). **1818** Die meisten Türme der Stadtbefestigung werden abgerissen. Bis 1870 wird nach und nach auch der Stadtgraben zugeschüttet, der letzte Abschnitt im Jahr 1870 am Trombetta-Haus. Reste des Grabens sind in der dortigen Grünanlage noch erkennbar. Limburg hat 2.685 Einwohner. **1827** Das Bistum Limburg entsteht und die Stadt wird Bischofssitz. Am 11. Dezember erfolgt die Inthronisation des ersten Bischofs Jakob Brand. ↪ *S. 59* **1842** Peter Joseph Blum wird Bischof in Limburg. Er zählt zu den wichtigsten Limburger Persönlichkeiten. Während seiner 42-jährigen Bischofszeit entstehen neue Klöster und das Hospital St. Vincenz. **1848** Der Funke der Pariser Februarrevolution springt auch in den Raum Limburg über. Er führt zu den neun Forderungen der Nassauer (Volksbewaffnung,

1885: Top 5 der Vornamen in Limburg

Mädchen: Katharina • Anna • Maria • Elisabeth • Johanna
Jungen: Joseph • Wilhelm • Jakob • Carl • Johann

Pressefreiheit, Wahl eines deutschen Parlaments, die Vereidigung des Militärs auf die Verfassung, freies Versammlungsrecht, öffentliche Gerichtsverhandlungen und Schwurgerichte, die herzogliche Domäne in Staatseigentum, neues Wahlrecht und Religionsfreiheit). Herzog Adolf bewilligt diese Forderungen. Dennoch bricht die Staatsautorität zusammen und es kommt zu teilweise chaotischen Verhältnissen. Nach einer kurzen Abschwächung der Auswandererwelle steigen die Auswandererzahlen nach dem Scheitern der Revolution wieder stark an. Es gibt in Limburg mehrere Büros, die

Der Räuberhauptmann Schinderhannes

Johannes Bückler, genannt Schinderhannes, ist bis heute als eine Art deutscher Robin Hood, Frauenheld und Freiheitskämpfer verklärt, obwohl die Motive des Räubers keineswegs so edel waren, wie sie in Film, Theater und Literatur dargestellt werden.
Vor allem der Film aus dem Jahr 1957, mit Curd Jürgens in der Hauptrolle, trägt zu dieser falschen Heroisierung bei. Johannes Bückler kommt 1779 in Miehlen/Nastätten (nahe Limburg) auf die Welt. Im Alter von vier Jahren zieht er mit seinen Eltern in ein österreichisches Heerlager nach Mähren. Fünf Jahre lebt er dort, danach kehrt die Familie wieder zurück in den Westerwald. Schon bald danach, im Alter von fünfzehn Jahren, beginnt seine Karriere als brutaler Räuber und Vergewaltiger. Im Gerichtsurteil, nur wenige Jahre später, listen die Richter dann zweiundfünfzig Fälle von Straßenraub, Einbrüchen, Vergewaltigung, Folterung und Beteiligung an Meuchelmorden auf. Nachgewiesen ist mittlerweile die Mittäterschaft an über einhundertdreißig Straftaten.
Die Gegend um Limburg ist zu dieser Zeit ein beliebtes Rückzugsgebiet der Räuberbanden, da aufgrund der Zersplitterung in viele Grafschaften eine schnelle Flucht in ein anderes Herrschaftsgebiet möglich ist. Schinderhannes begegnet hierbei auch dem „Schwarzen Jonas", einem der größten Verbrecher der damaligen Zeit. Im Dorf Schupbach bei Limburg findet sogar ein nationaler Räuberkongress, sozusagen ein heimliches Treffen des organisierten Verbrechens, statt. Auch daran nimmt Schinderhannes teil.
In Wolfenhausen bei Limburg wird er 1802 von einem trierischen Militärkommando unter einem falschen Namen verhaftet. Er entgeht einer harten Bestrafung wegen wiederholt verbotenen Betretens des Gebiets von Wiedrunkel nur durch die Zusicherung, dass er kaiserlicher Soldat werden wolle. Er wird nach Limburg geschafft, wo sich im heutigen Werner-Senger-Haus (Rütsche 5 – *S. 30*) ein Anwerbelokal für die kaiserliche Armee befindet. Erst dort wird er erkannt und im Keller inhaftiert. Von Limburg aus wird er zunächst nach Frankfurt am Main geschafft und dann ins französische Mainz überführt. Der lange, aufwändige und für damalige Verhältnisse sehr teure Prozess endet für ihn und dreiundsechzig Komplizen mit dem Todesurteil, das am 21. November 1803 mit der Guillotine vollstreckt wird.
Die vorangegangene Berichterstattung sorgt bei der Hinrichtung für einen noch nie da gewesenen Menschenauflauf von vierzigtausend Zuschauern. Selbst aus weit entfernten Dörfern reisen Menschen an, um die Enthauptung des Schinderhannes („Beherzt und mit Anstand ist er aufs Schafott gestiegen") mitzuerleben. Er hinterlässt mehrere Kinder, deren direkte Nachfahren noch heute im Taunus leben. Während das Gehirn im September 2008 im Rahmen einer Forschungsarbeit von Dr. Mark Scheibe wiedergefunden wird, scheint das in Heidelberg aufbewahrte Skelett nicht von Schinderhannes zu stammen.

www.forschungsportal-schinderhannes.de

Berühmt und berüchtigt: der Schinderhannes Quelle: Stadtarchiv der Landeshauptstadt Mainz

das Auswandern, vor allem nach Amerika, abwickeln. ***1850*** Limburg hat 3.625 Einwohner. ***1862*** Am 26. Juni fährt der erste Zug auf der Lahntalbahnstrecke von Koblenz über Limburg nach Wetzlar. ***1866*** Im preußisch-österreichischen Krieg stellt sich der Herzog von Nassau auf die Seite der Österreicher. Nach deren Niederlage verliert er sein Herzogtum. Am 20. September annektiert Preußen, ohne Blutvergießen und Widerstand, das Herzogtum Nassau. Herzog Adolf muss auf seinen Thron verzichten und geht ins Exil. Damit endet die sechzigjährige Geschichte des Herzogtums Nassau und für Limburg beginnt eine neue Zeit als preußische Stadt. ***1886*** wird Limburg Kreisstadt. ***1890*** Wahl von Adolf zum 1. Großherzog von Luxemburg. Noch heute sind seine Nachfahren mit Henri I. als sechstem luxemburgischem Herrscher der Dynastie von Nassau-Weilburg im Großherzogtum Luxemburg im Amt. ***1892*** hat die Stadt 7.059 Einwohner. ***1899*** Umzug ins neue Rathaus. Das bisherige „Historische Rathaus" am Fischmarkt war Sitz der Bürgermeister von 1399–1899 und beherbergt heute die Städtischen Kunstsammlungen und das Kulturamt. Das „neue" Rathaus, erbaut von Felix Genzmer, gilt überregional als wichtiges Beispiel für einen Verwaltungsbau des Späthistorismus. *S. 49*

Limburg im 20. und 21. Jahrhundert

1910 Notlandung des Luftfahrtschiffes „Zeppelin II" in Blumenrod. ***1911*** Die Einwohnerzahl ist mittlerweile auf über 10.000 gestiegen. ***1914–1918*** Der Ausbruch des Ersten Weltkrieges markiert auch in Limburg

oben: Fischmarkt
rechts: historische Ansicht, Dom mit Schloss

das Ende einer positiven Entwicklung. 285 Limburger fallen an der Front. Die Novemberrevolution ***1918*** verläuft in der Stadt relativ ereignislos. Limburg selbst bleibt nach dem Krieg unbesetzt. ***1919–1923*** Limburg ist „Hauptstadt" und Gerichtssitz des „Freistaats Flaschenhals", weil es die nächstgelegene unbesetzte Stadt der Weimarer Republik ist. Der Freistaat ist ein schmales Gebiet zwischen zwei rechtsrheinischen Besatzungszonen der Alliierten und ähnelt in seiner Form einem Flaschenhals. Dazu gehören unter anderem die Orte Lorch, Kaub und Sauerthal. Um in der isolierten Lage überleben zu können, schmuggeln die Bewohner des Freistaats Waren und Geld über die Grenze und treiben heimlich Handel mit den Schiffen auf dem Rhein. ↪ *loreley.de/flaschenhals*. ***1923*** Besetzung des „Freistaats Flaschenhals" und Limburgs durch die Franzosen. Die von ihnen unterstützten Separatisten fordern einen unabhängigen, frankophilen Rheinstaat, sind aber nicht nur in Limburg unbeliebt. Die Besetzung dauert einundeinhalb Jahre und nach der Entwaffnung der Separatisten durch die Franzosen ist der Spuk schnell vorbei. ***1926*** Am Eisenbahnknotenpunkt Limburg treffen täglich 73 Züge mit 12.500 Personen ein. ***1929*** Brand im Limburger Schloss, der Südflügel und die angrenzende Scheune brennen aus. Der Wiederaufbau erfolgt in den Jahren 1934–35. ***1930*** In Limburg sind 350 Kraftfahrzeuge zugelassen. ***1932*** Adolf Hitler spricht auf dem Neumarkt (dem späteren Adolf-Hitler-Platz) im Rahmen seines „Deutschlandflugs". ***1933*** „Machtergreifung" der Nationalsozialisten. SA-Truppen setzen Bürgermeister und Stadtverordnete unter massiven Druck und erzwingen deren Rücktritt. Straßen und Plätze werden umbenannt, Juden und Andersdenkende verfolgt und letztendlich ermordet. ↪ *S. 43* ***1939*** Fertigstellung der Autobahnbrücke über das Lahntal. Bis heute wird die Ästhetik der damaligen Brücke hoch gelobt. ***1944–1945*** Elf Luftangriffe zerstören Teile der Stadt, die Altstadt bleibt weitgehend

oben: Blick in die Salzgasse
links: die erste Autobahnbrücke über die Lahn von 1939

verschont. Zerstörung der Autobahnbrücke durch ein deutsches Sprengkommando im Jahr ***1945***. Die durch die Trümmer aufgestauten Wassermassen unterspülen die benachbarten Bahngleise und bringen eine große Dampflok zum Entgleisen. Die zwischen Lahn und Bahndamm liegende Lok konnte damals nicht geborgen werden, nach Aussagen von Zeitzeugen liegt sie dort immer noch unter Trümmern und Erdreich vergraben. Einmarsch amerikanischer Truppen am 26. März 1945. ***1947*** Limburg hat 14.616 Einwohner. ***1948*** Die alte Lahnbrücke ist wieder hergestellt. ***1949*** Die zerstörte Autobahnbrücke wird mit einer behelfsmäßigen Stahlkonstruktion befahrbar gemacht. ***1957*** Bei Sanierungsarbeiten wird am Bischofsplatz ein Goldschatz gefunden, vermutlich aus dem Jahr 1338. ***1961*** Der alte Bahnhof wird nach 99 Jahren abgerissen. ***1962*** Das Frachtaufkommen auf der Lahn erreicht mit 551.000 Tonnen seinen höchsten Stand. ***1965*** Josef Kohlmaier wird Bürgermeister und bestimmt zwan-

Seit 2002 ICE-Verbindungen in viele europäischen Metropolen

zig Jahre lang das Stadtgeschehen. Es folgt eine stürmische Entwicklung. Beginn der preisgekrönten Altstadtsanierung und der Bau des Schiedetunnels (Eröffnung 1982). Dadurch können zwei Bahnübergänge beseitigt werden, die bis dahin große Verkehrshindernisse darstellten. ***1968*** Die im Krieg zerstörte Autobahnbrücke über die Lahn wird endlich durch einen Neubau ersetzt. Bis dahin existiert nur ein provisorischer, einspuriger Übergang. Einweihung der heutigen Lichfield-Brücke (Kosten 6,5 Millionen DM). ***1972*** Eröffnung der Fußgängerzone in der Werner-Senger-Straße. ***1978*** Bundeskanzler Helmut Schmidt besucht Limburg. ***1982*** Der Schiedetunnel wird eröffnet. ***1984*** Jahrhunderthochwasser in Limburg. ***1985*** Mutter Theresa in Limburg. ***2002*** Limburg erhält einen ICE-Bahnhof. Die Hochgeschwindigkeitsstrecke von Köln nach Frankfurt verkürzt die Fahrzeiten in viele deutsche und europäische Städte. ***2009*** Im ehemaligen Bundesbahnausbesserungswerk entsteht die WERKStadt, ein modernes Einkaufs-, Vergnügungs- und Dienstleistungszentrum nahe der Innenstadt. ↪ *S. 92* ***2010*** 1100 Jahre Limburg. Die Einwohnerzahl beträgt mit den sieben eingemeindeten Ortschaften 36.000. ***2010*** Einweihung der ersten Moschee in Limburg. ***2011–2015*** Geplanter Neubau der Autobahnbrücke A 3 über die Lahn.

Limburger Altstadt: Holz und Lehm

An der Fachwerkstraße „Vom Lahntal zum Rheingau" gelegen, spielt Limburg mit seiner außergewöhnlichen Bausubstanz eine bedeutende Rolle in der Reihe deutscher Fachwerkstädte. Der historische Altstadtkern, von einer um 1230 fertiggestellten und 1818 niedergelegten Stadtmauer umsäumt, ist bis heute fast unversehrt erhalten geblieben.
Von Katastrophen und Weltkriegen weitgehend verschont, lassen sich hier Bauten aus vielen Jahrhunderten betrachten. 1289 vernichtete ein verheerender Großbrand weite Teile der Altstadt, im Zuge des Wiederaufbaus entstand das älteste Fachwerkhaus Limburgs. Auf dem Kellergeschoss seines abgebrannten Vorgängerbaues wurde 1289 der Römer 2-4-6 erbaut. Lange

Jahre galt es als das älteste Haus dieser Art in Deutschland. Neben dem Alter zeichnet auch die Bauweise das Gebäude aus, errichtet ursprünglich in der sogenannten Ständerbauweise: die Holzständer gehen von der Schwelle bis zum Dach durch und bilden so das tragende System sowie die Außenwände des Gebäudes. Ausgesteift wird die Konstruktion durch schräg verlaufende Hölzer (Streben) und waagerechte Riegel. So werden seitlich einwirkende Kräfte abgefangen und das gesamte Gefüge statisch gesichert. Diese Bauweise lässt sich an der südlichen Traufseite des Römers 2-4-6 nachvollziehen, ebenfalls an der Traufseite des zwei Jahre später entstandenen Gebäudes Bergstraße 7.
Bedingt durch den Stadtbrand begann Ende des 13. Jahrhunderts eine rege Bautätigkeit, die wohlhabenden Limburger bauten ihre Stadt innerhalb kurzer Zeit wieder auf. Die Gebäude jener Zeit – weiterhin in Ständerbauweise aus Eichenholz – sind repräsentativ und mit großen Hallen im Erdgeschoss versehen, die als multifunktionaler Hauptraum dienten. Die Höhe der Hallen variiert zwischen drei und fünf Metern. Um zusätzlichen Raum zu gewinnen, wurden viele dieser Hallen später mit einer Zwischendecke versehen und waagerecht unterteilt. Heutzutage wird der Rückbau der Hallen angestrebt, um die Gebäude in historischer und ursprünglicher Form zu zeigen. Öffentlich zugänglich und ein typischer Limburger Hallenbau ist z. B. das

wilder Mann

links: Sanierung des Dachgeschosses Fischmarkt 6 (2010)

Haus Römer 1 während der Sanierung

Historische Rathaus am Fischmarkt mit den Kunstsammlungen der Stadt Limburg. ↪ *S. 74*

Limburger Hallenhäuser

In Limburg sind rund vierzig Häuser mit Hallen erhalten geblieben. Fast alle Gebäude stammen aus der Zeit vor 1500. Für die Stadt ist dies ein besonderer Glücksfall. Die Hallenhäuser zeichnen sich durch ein technisch hochstehendes und ausgereiftes Konstruktionsgefüge aus. Es sind durchweg Räume von drei bis fünf Meter Höhe, die meist die gesamte Grundfläche des Hauses einnehmen. Allen Hallenhäusern ist gemeinsam, dass sie übersichtlich und großzügig sind und sich zur Gasse hin öffnen. Dabei wurden sie für die verschiedensten Alltagsfunktionen genutzt: zur Herstellung und zum Verkauf von Gütern (daher der Begriff Kaufhalle), als Lebensraum, zum Kochen, Wohnen, Schlafen. Sie wurden vorrangig von Kaufleuten, aber auch von Geistlichen und Adligen bewohnt.
Die Fenster waren glaslos, dienten als Rauchabzug für die offenen Feuerstellen und brachten außerdem Licht in das Gebäude. Zum Schließen der Öffnungen benutzte man Schiebe- oder Klappläden, die im Erdgeschoss gleichzeitig auch als Ladentisch dienten.

Feuerbock

Am Ende des Mittelalters, zu Beginn der Renaissance ab dem 14./15. Jahrhundert, ersetzte der Rähmbau den Ständerbau. Die Ständer haben nun nur noch Stockwerkshöhe, stehen auf der Schwelle und werden von einem waagerechten Balken, dem Rähm, gefasst.

Genaste-S-Strebe
Bild rechts: Fischmarkt 6

Je nach Region entwickelte sich eine eigene charakteristische Fachwerkbauweise. Unterschieden wird heute in sächsisch/niederdeutsches Fachwerk, das vornehmlich in Norddeutschland anzutreffen ist. Im Süden

Deutschland entfaltete sich das oberdeutsche/alemannische Fachwerk. In der Region Limburg und in Mitteldeutschland ist der fränkische Stil anzutreffen. Die Bauten zeichnen sich typentsprechend durch geringe Pfostenabstände, wandhohe, oft gebogene Streben und Zierhölzer aus.

Zahlreiche Limburger Fachwerkbauten sind geschmückt: Auf der Eckparzelle Große Domtreppe 1/Kolpingstraße steht ein in den Obergeschossen reich verziertes Fachwerkhaus mit Mannformen und Andreaskreuzen mit Rautenformen, dessen Bauzeit dendrochronologisch (↪ *S. 23*) auf 1669 datiert ist. Wesentlich aufwändiger und mit Schnitzereien verziert, präsentiert sich ein Gebäude in der Barfüßerstraße 10–12. Die Giebelansicht dort zeigt außergewöhnliche Fachwerkformen und großformatige, geschnitzte Figurendarstellungen über einem repräsentativen Hallenbau. Eine ebenfalls geschnitzte Inschrift beziffert das Baujahr auf 1594.

Ab dem 18. Jahrhundert wurde in vielen Regionen das Bauholz immer knapper. Das führte zu einem Rückgang des Fachwerkbaus. Auch genügte diese Architektur den Ansprüchen der Bauherren nicht mehr, so dass Steinbauten an die Stelle von Fachwerkbauten traten. Die letzten traditionellen Fachwerkbauten entstanden um 1900. Erker, Vorsprünge und Zwerchhäuser (ein- oder mehrgeschossiger Aufbau eines geneigten Daches) wurden weiterhin als fachwerkliches Stilelement im Historismus verwendet.

Die Limburger Altstadt ist seit 1972 in zwei förmlich festgelegte Sanierungsgebiete aufgeteilt. Man ist sich der Bedeutung der historischen Bausubstanz bewusst. Bürgerschaft, Bauherren, Planer und Politik tragen seitdem dazu bei, dass eine erfolgreiche und behutsame Stadtsanierung durchgeführt wird.

k-Strebe

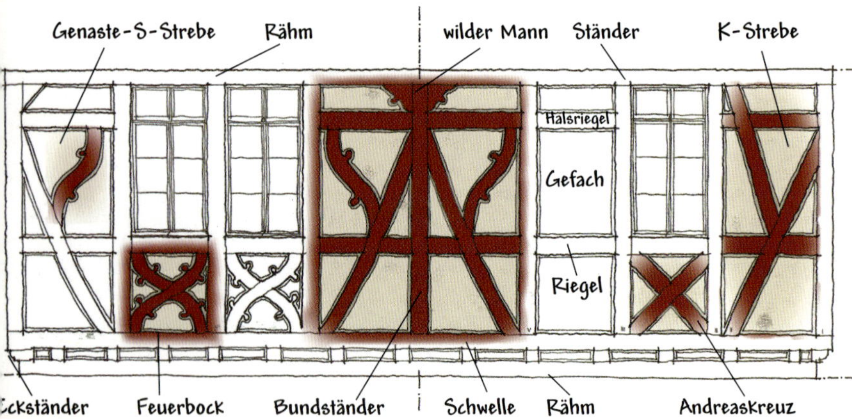

Bezeichnungen der Hölzer:

Andreaskreuz

Schwelle Unterster Balken einer Fachwerkwand, auf dem die Ständer aufgestellt wurden, die Schwelle war meist in den Eckständer eingezapft. ***Riegel*** Alle horizontalen Hölzer der Wand zwischen Schwelle und Rähm, an die Ständer zunächst durch Überblattungen, später mit Zapfen angeschlossen. Brüstungsriegel in Höhe der Fensterbrüstung, Sturzriegel in Höhe des Fenstersturzes und Kopfriegel als oberer Riegel in der Wand. ***Rähm*** Oberstes Holz der Fachwerkwand, auf dem die Deckenbalken aufliegen; Längsbalken unter Kehlbalken. ***Ständer*** Stehendes Holz einer Fachwerkwand, auf Schwelle, Sockel oder Fundament aufgestellt. ***Strebe*** Schräg stehende Hölzer, oft geschwungen und mit Nasen versehen. ***Eckständer*** Ständer in der Ecke zweier Wände. ***Bundständer*** Ständer, in den eine Zwischenwand eingebunden ist. ***Firstsäule*** Ständer im Giebelfachwerk oder Dachwerk, der bis zum First durchgeht. ***Feuerbock*** Fachwerkzierform, gebildet aus sich kreuzenden, geschweiften und oft mit Nasen besetzten Hölzern. ***Andreaskreuz*** X-förmige Überkreuzung zweier Hölzer zur Gefachversteifung. ***Gefach*** Der durch die Hölzer gebildete Zwischenraum, ausgefüllt mit Lehmflechtwerk, Ziegeln oder Bruchstein. ***Bundzeichen*** An den einzelnen Hölzern befinden sich römische Ziffern, die so genannten Bundzeichen. Die gezimmerten Teile eines Fachwerkhauses wurden fortlaufend nummeriert, um sie an der Baustelle zuordnen und aufbauen zu können.

Die 20 ältesten, datierten Fachwerkhäuser Deutschlands

Esslingen, Heugasse 3 1262
Bad Wimpfen, Marktplatz 6 1266
Esslingen, Webergasse 8 1267
Göttingen, Rote Straße 25 1276
Esslingen, Pliensaustraße 9/I 1285
Esslingen, Peterlingasse 1 1286
Limburg, Rütsche 11 1289
Schwäbisch Hall, Untere Herrengasse 2 1289
Limburg, Römer 2-4-6 1289
Limburg, Kleine Rütsche 4 1290
Friedberg, Usagasse 11 1290
Amorbach, Bädersweg 3/5 1290
Limburg, Kolpingstr. 6 1291
Frankfurt/Main, Schellgasse 8 1292
Limburg, Rütsche 15 1292
Biberach, Marktplatz 7 1294
Limburg, Römer 1 1296
Schwäbisch Hall, Untere Herrengasse 5 1297
Schwäbisch Gmünd, Rinderbachstraße 6 1298
Esslingen, Ehnisgasse 18 1298

Wie datiert man eigentlich Fachwerkhäuser?

Erst ab der Mitte des 20. Jahrhunderts war es durch die Entwicklung der Dendrochronologie möglich, eine genaue Datierung von Holzbauten vorzunehmen. Hierzu wird mit einem Spezialbohrer ein Bohrkern aus dem zu untersuchenden Holzstück genommen. Die Jahresringe können dann mit datierten Jahresringtabellen verglichen und einer bestimmten, bekannten Wachstumsperiode zugeordnet werden. Voraussetzung für ein genaues Ergebnis ist neben dem Vorhandensein der sogenannten Waldkante (der letzte Jahresring unter der Rinde zum Zeitpunkt des Schlagens), dass das Holz auch als Erstverwendung im Fachwerkhaus eingebaut ist. In der Regel ist das Fälldatum eines Baumes identisch mit dem Einbau im Gebäude.

Limburger-Altstadt.de
Spaziergang durch die Jahrhunderte

Der Spaziergang führt durch die bekannte Limburger Altstadt und beschreibt die wichtigsten Sehenswürdigkeiten in dieser faszinierenden mittelalterlichen Stadt. Viele der Kleinode sind in den vergangenen Jahrzehnten sachkundig restauriert worden und gehören zu den schönsten Fachwerkhäusern in Deutschland.
Der Rundgang dauert ca. 1–1,5 Stunden, ist in verschiedene Bereiche aufgeteilt und ermöglicht so auch die Besichtigung in mehreren Etappen. Mit Hilfe der 3-D-Ausklappkarte ist eine leichte Orientierung möglich.
Mehr Infos zum Thema Fachwerk ↪ *S. 20*

TIPP: Interessante und außergewöhnliche Führungen veranstaltet der Verkehrsverein Limburg. Kontaktdaten auf der Umschlaginnenseite unter „Basics".

Brückenvorstadt • Alte Lahnbrücke • Schuhmarkt • Römer

[1] Brückenvorstadt

Bereits vor dem 15. Jahrhundert waren in der Brückenvorstadt Gärten und einige Weinberge vorhanden. Belegt ist das „Heiligen-Geist-Hospital" mit Haus, Kirche und Friedhof, das auf dem Gelände des heutigen Altenwohnheimes unmittelbar hinter dem Brückenturm bestand. 1573 zog das Hospital wegen der ständigen Überschwemmungen von der Lahn an die Diezer Pforte.
Von französischen Truppen heimgesucht, brannte die Brückenvorstadt am 15.10.1795 fast völlig ab. Nur wenige Häuser überstanden den Großbrand. Der Aufbau begann unmittelbar danach.

Die Bewohner der Vorstadt waren hauptsächlich Fischer, Bauern und Gastwirte. Seit 1895 ist in Limburg die Missionsgesellschaft der Pallottinerinnen in der Brückenvorstadt ansässig. Sie bezogen dort das Gebäude in der Weilburger Straße und errichteten in der Folge den Haupttrakt im neogotischen

links: Priesterseminar in der Brückenvorstadt, erbaut 1928

Stil. Weitere An- und Umbauten vervollständigten nach und nach das bis heute bestehende Kloster.
Auf der gegenüberliegenden Straßenseite entstand 1928, nach Plänen von Dominikus Böhm, im Baustil der neuen Sachlichkeit, das schlichte, aber lichtdurchflutete Gebäude des Priesterseminars.

[2] Alte Lahnbrücke

Die alte Handelsstraße führte von Antwerpen über Limburg weiter nach Nürnberg und Prag bis Konstantinopel und war eine der bedeutendsten Fernverbindungen in Mitteleuropa. Die erste steinerne Brücke für diesen Handelsweg wurde in Limburg von 1315–1345 erbaut und löste die vorher bestehende Holzbrücke ab, die mehrmals durch Hochwasser zerstört worden war und nach Hinweisen im Stadtarchiv bereits um 1160 die Lahn überspannte. Für einen Zeitraum von sechzig Jahren waren beide Brücken

rechts: Alte Lahnbrücke, Dom und Altstadt

vorhanden. Finanziert wurde die Steinbrücke durch das bewährte Mittel päpstlicher Ablassbriefe und zusätzlich erlaubte Kaiser Karl IV. ab 1357 den Limburgern, einen Brückenzoll, das sogenannte „Torgeld" zu erheben. Es sollte lange Zeit eine wichtige Einnahmequelle für die Stadt werden und blieb bis 1914 erhalten. Dennoch zog sich der Brückenbau aufgrund finanzieller Schwierigkeiten fast dreißig Jahre hin. Zeitgleich werden auch die beiden Brückentürme errichtet und am äußeren Brückenturm ein Zollhaus mit Abort eingerichtet.
Die rund einhundertsieben Meter lange, steinerne Bogenbrücke mit acht Bögen (davon zwei Landbögen) und fünf Pfeilern aus Massenkalk, flankiert von zwei Türmen, war ursprünglich sechs Meter breit. Zwischen dem ersten und zweiten Pfeiler befand sich eine hölzerne Zugbrücke und der äußere Turm verfügte zusätzlich über ein Fallgitter, sodass die Stadt auf diese Weise abgeriegelt werden konnte. Nach der Pest von 1490 errichteten 1496 die Bürger zum Dank an die Gottesmutter an der Ostseite des äußeren Brückenturms eine Kapelle. Ab 1818 nicht mehr benutzt, riss man sie wahrscheinlich 1827 ab. Die leere Fläche kaufte der Mühlenbesitzer Pachten und errichtete eine Mühle. 1902 wurde dort der Schlachthof gebaut. Während

der äußere Turm, er ist der zweitälteste Brückenturm Deutschlands, einem Abriss entging, fiel der innere Turm im Jahr 1818 leider der Abrißbirne zum Opfer.
Mittig auf der Brücke fällt die Statue des hl. Johannes von Nepomuk auf, die 1966 vom Limburger Bildhauer Karl Matthäus Winter geschaffen wurde. Die Originalfigur des Brückenheiligen, 1713 vom Heilbronner Postverwalter Johann Philipp Scheurer gestiftet, befindet sich heute im Stadtarchiv. Auf der gegenüberliegenden Seite steht ein Brückenkreuz, dessen Alter unbekannt ist, aber nach Unterlagen des Stadtarchivs im Jahr 1657 renoviert wurde. Die Madonna mit Kind, die in einer Nische der nördlichen

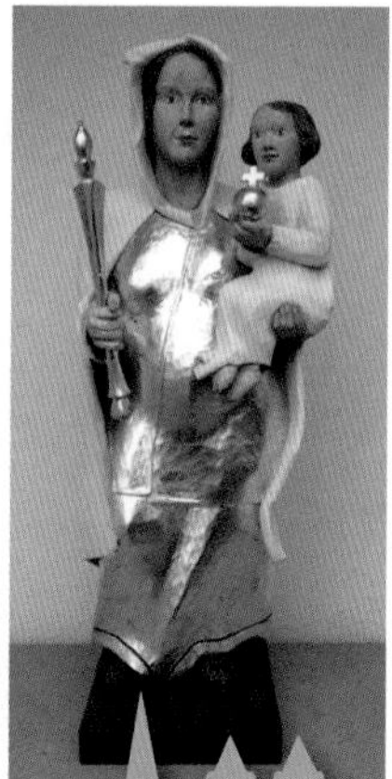

Zeitgenössische Madonna im Bildstock am Brückenturm vom Bildhauer Uli Eulberg

Turmfassade steht (das Original befindet sich ebenfalls im Stadtarchiv) erinnert an die nicht mehr existierende Brückenkapelle.
Im Lauf der folgenden Jahrhunderte musste die Brücke immer wieder saniert werden. Schließlich erfolgte 1751–1754 eine grundlegende Sanierung der Pfeiler und des Pflasters, die mehr als zweitausend Reichstaler kostete. Die Bestandsaufnahme der Schäden stammt von Balthasar Neumann, einem der berühmtesten Baumeister der damaligen Zeit.
Ende des Zweiten Weltkriegs wurden beide Limburger Brücken von einem deutschen Sprengkommando teilweise zerstört. Während dies bei der Autobahnbrücke gelang, schädigte die Detonation bei der mittelalterlichen Brücke nur einen Bogen und sie konnte bereits 1947/1948 wieder instand gesetzt werden. Dabei erfolgte gleichzeitig eine Verbreiterung der Brücke um zweiundeinhalb Meter. Erst durch den Bau der neuen Autobahnbrücke über die Lahn, die die Lücke auf der Autobahn A 3 schloss, verlor die Alte Lahnbrücke ihre überregionale Bedeutung. Bei der letzten Sanierung 1982/1983 wurden die Pfeiler saniert und die Fahrbahn nochmals auf fast neun Meter verbreitert.

[3] Der schönste Blick auf den Dom!

Ein weiterer Rest der Verteidigungsanlage liegt ganz in der Nähe der Alten Lahnbrücke. Stadteinwärts, kurz hinter der Brücke, befinden sich Treppen, die hinunter zur Lahn führen. Nach wenigen Metern links steht man vor dem **[3a] Katzenturm**. 1220–1230 erbaut, hat er im Erdgeschoss einen

Katzenturm

Durchmesser von ca. zehn Metern bei einer Mauerstärke von fast drei Metern und diente im Mittelalter als Gefängnis. Der Turm war ursprünglich Teil der Stadtmauer, gehörte dann zur angrenzenden Niedermühle und verfiel bis zu seiner Restaurierung in den Jahren 1984–1986. Heute betreibt die Limburger Marinekameradschaft dort ein Marinemuseum. ↪ *S.75*
Der Name des Turms ist entweder abgeleitet von Katzenkopp, einem kleinen Geschütz, vielleicht aber auch von Karzer (Gefängnis).

[4] Brückengasse 1+2: Alte Posthalterei

1739 errichtete die Witwe des Posthalters Faber aus Dietkirchen an der Stelle des heutigen Hotels „Nassauer Hof" die Fürstliche Thurn und Taxis'sche Poststation. Dazu gehörten auch ein Waschhaus gegenüber (siehe das dort befindliche Thurn-und-Taxis-Schild) und eine Scheune in der Brückenvorstadt. Artilleriebeschuss beim Einzug amerikanischer Truppen zerstörte das Postgebäude vollständig. Der originalgetreue Wiederaufbau zum Hotel „Nassauer Hof" erfolgte 1991.

[5] Schuhmarkt

Der Platz erstreckte sich zeitweilig vom inneren Brückenturm bis zur Rütsche und wird erstmals 1314 erwähnt. Hier verkauften die Schuhmacher ihre Erzeugnisse. Im Zinsregister der Stadt waren 1382 allein siebenundzwanzig Schuster aufgeführt, die meistens in der Umgebung dieses Marktes lebten und aus ihren Häusern heraus auch verkauften. In der Marktordnung war alles genauestens geregelt, vom Aufziehen der Fahne als Zeichen des Verkaufsbeginns bis zum Schließen der Läden. Die Öffnungszeiten richteten sich dabei nach dem zur Verfügung stehenden Tageslicht.

[6] Brückengasse 9: „Haus der sieben Laster"

rechts: Haus der sieben Laster

Das herausragende Merkmal dieses Hauses, am ursprünglichen Schuhmarkt gelegen, sind die geschnitzten Fratzen am Deckenbalken. Diese Köpfe, interpretiert als die biblischen „sieben Laster" Hoffahrt, Geiz, Neid, Unkeuschheit, Unmäßigkeit, Zorn und Trägheit, haben dieses Haus bekannt und berühmt gemacht. Die Köpfe wurden wahrscheinlich ursprünglich zur Abwehr böser Geister beim Umbau oder Neubau des Anwesens im Jahr 1567 angebracht. Auf dem Bruchsteinmauerwerk des Erdgeschosses wurde der Fachwerkbau errichtet. Heute beherbergt das Haus ein kleines Museum für sakrale Kunst und einen Museumsshop, in dem sehr schöne Ansichtskarten, Ablassbriefe und seltene Stücke sakraler Kunst ausgestellt und auch verkauft werden.

↪ *www.haus-der-sieben-laster.de*

[7] In der Erbach: Johanniskapelle und Wirtschaftshof des Klosters Eberbach

Schenkungen der Limburger Kaufmannsfamilie Lotzo Wetzelini und des Ritters Dietrich von Laurenburg trugen zum Bau der Kapelle bei, die 1324 vollendet wurde. Unterhaltung und Finanzierung der Kapelle oblagen lange Jahre dem Eberbacher Keller vor Ort. Die Gottesdienste hielten die Klosterbrüder und später die Limburger Franziskaner ab. Über die Herkunft der Altarbilder ist nichts bekannt, das Antependium stammt vom Maler Georg Schamo (1750). 1803, mit der Säkularisierung, wurden die geistlichen Verpflichtungen und ihre Paramente (die im Kirchenraum und in der Liturgie verwendeten Textilien) in die Stadtpfarrei verlegt. Das Gebäude selbst diente als Magazin für das zeitweilig in der Erbach angelandete Salz, der Dachboden war Getreidespeicher, wofür 1807 der Treppenturm angebaut wurde. 1822 dann Lagerung von Selterswasser und 1831 schenkte Herzog Wilhelm das Gebäude der stetig wachsenden evangelischen Gemeinde. 1867 Verkauf an die jüdische Gemeinde. Diese benutzte die Kapelle als Gebetshaus bis zum Bau der großen Synagoge auf der Schiede. 1903 erhielt der Fiskus die Kapelle und lagerte darin Akten. Nach dem Zweiten Weltkrieg übernahm im Jahr 1948 die evangelisch-lutherische Gemeinde das Gebäude für Gottesdienste und zehn Jahre später erfolgte eine Restaurierung mit der Wiederherstellung der ursprünglichen Farbfassung. 1981 erhielt die Kapelle eine neue Glocke und ging 2002 zu einem symbolischen Preis in den Besitz der Gemeinde.

Der Wirtschaftshof entstand nach 1320. Teile des Geländes schlossen sich unmittelbar links an die Kapelle an. Bei Erdarbeiten wurden die dazugehörigen Fundamente entdeckt.

Mit dem Eberbacher Klosterhof war die Almosenspende des reichen Limburger Bürgers „Rulemann unter den Gaden" verbunden. An jedem Freitag wurden im Klosterhof Sachspenden an die Armen der Stadt verteilt.

Johanniskapelle

[8] Katasteramt

Das Gebäude wurde 1776–1778 durch den Eberbacher Abt Adolf II. Werner von Salmünster erbaut. Sein Wappen befindet sich noch immer über der Eingangstür. Mit der Säkularisierung 1803 Umwidmung des Anwesens zum nassauischen „Neuen Amtshaus" (1822). Margot Benary-Isbert schildert in ihrem Roman „Im Hause meines Großvaters" ihre Jugenderinnerungen an dieses Gebäude.

Ab 1896 Preußisches Landratsamt und nach 1945 kam das Haus in den Besitz des Landes Hessen. Für kurze Zeit war das Staatsbauamt und bis vor einigen Jahren das Katasteramt hier untergebracht. Mittlerweile ist es saniert und in Privateigentum.

Zwischen dem heutigen Hotel „Nassauer Hof" und dem ehemaligen Katasteramt lag im Mittelalter das „Kalte Bad" der Juden. ↪ *S. 43*

Römer

Blick auf die Alte Lahnbrücke mit Brückenturm

Römer 1, erbaut 1296

[9] Römer 1

Ein Stiftsherrenbau, der ältere Teil ist um 1296 erbaut. Er gehört damit ebenfalls zu den ältesten und auch schönsten Fachwerkhäusern Deutschlands und ist eines der stattlichsten Gebäude Limburgs. Erbaut vom St. Georgenstift, war es über Jahrhunderte hinweg von Stiftsgeistlichen bewohnt. Unter dem Haus befindet sich ein tonnengewölbter Keller, der auf eine frühere Bebauung schließen lässt, da er nicht mit dem jetzigen Grundriss übereinstimmt. 1975–1977 komplette Restaurierung, wobei ein neuer Treppenturm nach dem Vorbild der benachbarten Johanniskapelle angebaut wurde. Lange Jahre galt es im Guinness-Buch der Rekorde als ältestes Haus Deutschlands.

Römer 2-4-6, erbaut 1289

[10] Römer 2-4-6: „Das Blockhaus", „Gotisches Haus"

Der Vorgängerbau vom Römer 2-4-6 weist zurück in das 12. Jahrhundert. Beim großen Stadtbrand 1289 brannte neben fast allen anderen Häusern auch dieses Gebäude ab. Die Analyse des Mauerwerks im Kellerbereich ergab, dass die heutigen Gewölbe in einen bestehenden Steinbau eingestellt worden sind. Dabei baute man in den fünf Meter tiefen tonnengewölbten Keller einen Kloakenschacht ein.

Das 1289 neu errichtete Haus mit einer fünf Meter hohen Halle hatte in der Südwestecke eine massiv ummantelte Herdanlage. Ungewöhnlich ist der sieben Meter tiefe Schacht im Keller, in den vom Erdgeschoss eine steinerne Treppe hinabführt. Es liegt nahe, dass sich dort eine jüdische Mikwe befand. Vermutlich war es das Wohnhaus eines jüdischen Händlers. Gesichert und noch im Grundriss zu besichtigen ist eine Mikwe im Hofbereich des Römer 2-4-6.

oben: Mikwe im Hofbereich des Römer 2-4-6
rechts: Eingang Römer 2-4-6

Das Haus blieb bis zur umfangreichen Renovierung 1581–1583 weitgehend unverändert. Danach zwang der erhöhte Wohnraumbedarf den Einbau eines Zwischengeschosses, auch um das Haus in verschiedene Nutzungsbereiche aufzuteilen, zuletzt in 27 Räume. 1610, 1660 und im 19. Jahrhundert folgten weitere Veränderungen. Durch die Dreiteilung des Hauses erhielt es die Hausnummern 2-4-6. 1986–1989 erfolgte eine durchgreifende Sanierung nach umfassenden archäologischen und bauhistorischen Untersuchungen durch das Institut für Bauforschung und Dokumentation und der städtischen Denkmalspflege. Derzeit ist es das älteste freistehende Gebäude in Deutschland und hat den Status eines nationalen Denkmals.

Im Haus befindet sich eine Außenstelle des Freien Instituts für Bauforschung und Dokumentation e. V. sowie das „Deutsche Zentrum für Chormusik".

↪ *www.dcfc.de*

[11] Rütsche 5: „Steinernes Haus"

Besonders auffällig an diesem im Jahr 1274 erstmals erwähnten Haus sind die buntbemalte Fachwerkvorderfront und die dicken Seitenwände. Es ist zurzeit das älteste urkundlich belegte Haus in Limburg. Aus diesen Urkunden lässt sich auch ersehen, dass hier der Sitz einer der bedeutendsten Patrizierfamilien Limburgs war. Der Großhandel mit Tüchern war die Grundlage der Familie Weiss, wie sich auch aus den Mietverträgen für das „Haus Lymburg" auf dem Frankfurter Römerberg ersehen lässt. Die Geschäfte reichten bis nach Frankfurt am Main und in die Wetterau, der Fernhandel sogar bis nach Venedig.

Irrtümlich wird das Haus heute „Werner-Senger-Haus" genannt. Werner Senger war ebenfalls ein reicher Kaufmann, der wohl in unmittelbarer Nähe wohnte und durch den frühen Tod seiner Frau und seines Sohnes, ohne Nachkommen blieb. Daher verfügte er, dass sein Nachlass in den Besitz des Hospitals (damals kein Krankenhaus, sondern für die Pflege von armen und alten Menschen sowie durchreisenden Pilgern zuständig) geht. Daraus entstand die größte Limburger Stiftung, die bis heute noch existiert.

Bekannt wurde das Steinerne Haus durch die Inhaftierung des berüchtigten Räubers Schinderhannes. ↪ *S. 16*

Werner-Senger-Haus

Das Limburger Tuch

Der Handel mit Tüchern erstreckte sich von Limburg über Frankfurt und Straßburg bis nach Venedig. Das Limburger Tuch selbst war wohl eines der mittleren Qualität, aber sehr begehrt und, neben dem Brückenzoll, einer der wichtigsten Gründe für den Reichtum der Stadt. Weit mehr als tausend Menschen lebten damals in der mittelalterlichen Stadt von der Tuchherstellung. In Frankfurt besaßen die Limburger Tuchhändler sogar eine eigene Niederlassung: das „Haus Lympurg" auf dem Römerberg.
Besonders bei der Herstellung des Limburger Tuchs ist das Prinzip der mittelalterlichen Arbeitsteilung deutlich erkennbar. Die Herstellung war in viele, von verschiedenen Berufen ausgeführte, Arbeitsgänge aufgeteilt. Der Weber kaufte die Wolle und ließ sie von seinen Mitarbeitern waschen und schlagen. Dann erhielten die Spinnerinnen und Kämmerinnen das Material, die im Tagelohn und zuhause arbeiteten. Der nächste Arbeitsgang war den Färbern vorbehalten und danach verwebten es die Weber. Der Walker wusch und walkte das Tuch und im Anschluss wurde es zum Trocknen auf Rahmen gespannt. Dies geschah jenseits der Stadtmauer, über die heutige Grabenstraße hinweg. Nun erfolgte die Abnahme durch die Zunft, anschließend wurde die Wolle noch aufgeraut und danach verkauft.
Färber und Gerber benötigten für ihr Handwerk das Wasser der Lahn. Daher siedelten sie sich bevorzugt rund um die Löhrgasse an. Die entstehenden Abfälle bei der Verarbeitung rochen alles andere als gut und machten das Viertel zu keinem angenehmen Aufenthaltsort. Wie bei jedem Handwerk in der damaligen Zeit wurde auch dieses durch die eigene Zunft und den Beamten der Stadt streng überwacht. Nicht nur die Qualität des Tuchs war wichtig, sondern auch, ob bevorzugt das Limburger Tuch verarbeitet wurde. Das Zunfthaus der Tuchmacher befand sich auf der Plötze.

Fahrgasse

[12] Die Brotschirn, später Kuchenmarkt

Dieser freie Bereich am Walderdorffer Hof war im Mittelalter nicht nur der Markt für Brot und andere Backwaren sondern auch Standort des sogenannten Diebstocks, dem städtischen Pranger, der ab 1684 bzw. 1714 vom Trulles, einem Gitterkäfig, abgelöst wurde. Dieser sollte die Verurteilten vor der aufgebrachten Bevölkerung schützen. Am Pranger zu sein, hieß in der damaligen Zeit, einen Tag lang mit einem Halseisen angekettet in der Öffentlichkeit zu stehen. Oft wurden die Bestraften von der Bevölkerung mit faulem Obst und Gemüse beworfen.
An diesem kleinen Platz liegt auch der einzige Neubau aus jüngster Zeit:

Rütsche 2+4. Das alte Ensemble zwischen Fahrgasse und Rütsche fiel 1972 der Spitzhacke zum Opfer.

Die Tanzenden

[13] Bronzeplastik „Die Tanzenden"

Sie stammt von Karl-Heinz Oswald, steht seit 1990 an dieser Stelle und zeigt zwei voller Freude tanzende Menschen. Auf dem Sockel stehen die Worte „Da hup di Welt wider an zu leben unde frolich zu sin" und erinnern an das Ende der Pestepidemien im Jahr 1351. ↪ *S. 35*

[14] Fahrgasse 5: „Walderdorffer Hof"

Eines der eindrucksvollsten Gebäude in der Limburger Altstadt und gleichzeitig der bedeutendste Adelshof Limburgs. Die Familie von Walderdorff erwarb im Jahr 1540 das Anwesen durch die Heirat der Eva von Diez mit Philipp von Walderdorff. Größere Umbauten und auch Neubauten, teilweise unter Zuhilfename von italienischen Baumeistern und Handwerkern (ursprünglich umfasste das Anwesen wohl nur die rechte Hälfte), folgten

von oben nach unten:
Walderdorffer Hof, 1900
Lazarettküche in der Kapelle, 1916
Innenhof Walderdorffer Hof, 1905

in den Jahren 1665–1668. Dadurch entstand der heute zu sehende Vierflügelbau mit offenen Arkaden im Baustil des Übergangs der Spätrenaissance zum frühen Barock. Zwei wunderschöne Erker in originaler Farbfassung wurden im Zuge der Sanierungen wiederhergestellt. Beide Erker zeigen das Walderdorffer Wappen, der in der Fahrgasse noch zusätzlich zwei Putti. Der Erker in der Löhrgasse trägt die Aufschrift 1686, der andere 1681.

Auch über dem Hauptportal ist das Walderdorffsche Familienwappen, ein rechtsgewendeter und gekrönter steigender Löwe, angebracht und mit einer 1668 fertiggestellten lateinischen Inschrift versehen:

„Dieses Haus, das durch die Unbill und Ungunst der Zeiten sowie der Kriege einzustürzen drohte, haben Urgroßvater, Großvater, Vater und Kinder bewohnt. Damit es die Brüder und Neffen wieder bewohnen können, hat es Herr Wilderich Freiherr von Walderdorff, der Heiligen Kaiserlichen Majestät Hofrat, des Heiligen Römischen Reiches Vizekanzler, der erzbischöflichen Kirche zu Mainz sowie der Bischofskathedralen zu Würzburg und Speyer Propst bzw. Kapitularkanoniker, auf eigene Kosten von Grund auf neu errichten lassen. Die Arbeit und Bauleitung übernahm Herr Johann Philipp,

Archidiakon von Sankt Lubentius in Dietkirchen, Herr auf Isenburg und Molsberg."

Der ursprüngliche Adelshof wurde wohl 1359 erbaut, von ihm ist der gotische Turm noch erhalten. Ende des 19. Jahrhunderts war hier auch kurzzeitig der Sitz der neugegründeten Pallottiner-Niederlassung in Limburg, bevor diese in ihr heutiges Domizil in die Wiesbadener Straße zogen.

Im Eigentum der Grafen von Walderdorff bis 1989, danach der Verkauf nach vierhundertvierzig Jahren im Familienbesitz. Bis 1991erfolgte durch den neuen Besitzer eine umfassende Restaurierung. Heute befinden sich hier luxuriöse Wohnungen und Büros.

Eingang Walderdorffer Hof

Die Walderdorffs – Adelsgeschlecht aus dem Westerwald

Die von Walderdorff waren einst ein bedeutendes Adelsgeschlecht der Westerwaldregion. Erstmalig erwähnt wird ein Gerlach von Walderdorff im Jahr 1211. Der lückenlose Stammbaum reicht zurück bis Gottfried von Walderdorff (1315). Zu dieser Zeit war der Herrschaftsschwerpunkt in den heutigen Gemeinden Greifenstein und Driedorf. Dort soll sich auch die Stammburg der Walderdorffs befunden haben. In den folgenden Jahrhunderten dehnten sich die Besitzungen vor allem nach Süden und Osten bis in den Taunus hinein aus. Später kamen noch Besitzungen im Rheingau und in der Wetterau dazu. 1702 erlosch diese, ältere Linie der Walderdorffs.

Die jüngere Linie, die noch heute besteht und eng mit Kurtrier verbunden ist geht auf den 1507 geborenen Philipp zurück und hatte ihren Familiensitz zunächst in Limburg und ab 1657 in Molsberg, in der Nähe von Limburg. Dort erhielt die Familie eine eigene Unterherrschaft auf kurtrierischem Gebiet, die sie in den folgenden Jahrhunderten kontinuierlich durch Gebietserwerbungen ausweitete. 1663 dann die Erhebung der Walderdorffs in den Freiherren- und 1666 in den Grafenstand.

Bedeutende Walderdorffer sind Wilderich, 1660 zum Reichsvizekanzler und 1669 zum Fürstbischof von Wien ernannt, außerdem Adalbert, der 1757 Bischof von Fulda wurde und dessen Bruder Johann Philipp, ab 1756 Kurfürst von Trier.

Noch heute sind einige historische Stadtgüter in Bensheim, Mainz, Trier und Limburg mit der Bezeichnung „Walderdorffer Hof" versehen.

[15] Kleine Rütsche 4/Fahrgasse: „Die Säcker"

1290 unmittelbar nach dem Stadtbrand von 1289 entstanden, wird es 1670 umgebaut und steht an der engsten Stelle der Stadtdurchfahrt am alten Handelsweg von Flandern nach Konstantinopel. In Köln soll in der Fuhrmannsherberge am Heumarkt eine Markierung gewesen sein, um ein zu breites Beladen zu verhindern. Kam dies trotzdem vor, waren Limburger zur Stelle, um die Wagen gegen Entgelt vor der Engstelle zu entladen und danach die Säcke wieder aufzuladen. In der Limburger Altstadt geborene Einwohner nennt man traditionell daher Säcker (Sackträger). Edelsäcker sind Limburger, deren Familien schon seit mehreren Generationen in der Altstadt leben.

Ein Schild erinnert heute an dem Haus in der Fahrgasse an den Engpass:
„Zu Köln am Rhein an der Fuhrmannsherberge am Heumarkt waren die Maße angegeben, die der beladene Wagen haben durfte, um an dieser Stelle Alt Limburgs und am Brückenturm durchfahren zu können".

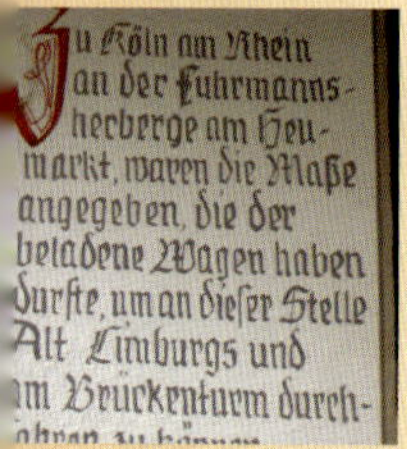

Eine andere Erklärung besagt, dass in der Zeit, als es noch keine Brücke gab, sich die einzig befahrbare Furt an der Obermühle befand. Dort luden sich die Säcker die Fracht auf den Rücken und trugen sie über die Furt auf die andere Seite, um sie wieder aufzuladen.

Die Türinschrift am Haus Kleine Rütsche 4 stammt aus dem Jahr 1672/1673. „Kleine Rütsche" heißt diese winzige Gasse aber erst seit 1805. Ursprünglich befand sich hier der Milchmarkt und die danach benannte Milchgasse zieht sich durch den schmalen Durchgang zwischen den Häusern Fischmarkt 9 und 10 hoch zum Fischmarkt.

Rund um den Fischmarkt

[16] Fischmarkt

Der Fischmarkt ist, neben dem Rossmarkt, wohl der älteste Teil der Stadt. Hier stehen mehrere sehr eindrucksvolle Beispiele von Fachwerkbauten. Erstmalig erwähnt wurde der Name des Platzes im Jahr 1317 und bezeichnete einen Markt, auf dem Fische aus der Lahn, aber auch der aus Köln kommende gesalzene Hering verkauft wurden. Durch den Abriss eines Hauses (siehe Fischmarkt 8/9) ist der Platz heute größer als im Mittelalter und endet an der Ecke Salzgasse.

oben: Engstelle an der Fahrgasse
unten: Historischer Blick auf den Fischmarkt

Der ursprüngliche Fischmarkt, auch Klattermarkt genannt, lag oberhalb des sogenannten Alten Marktes vor dem Historischen Rathaus. Später bürgerte sich die Bezeichnung auch zeitweise für den Bereich bis zum Schuhmarkt, Domtreppe und Alten Markt ein.

[17] Fischmarkt 7: „Zum Rebstock"

Dieses Haus gehört zu den am frühesten urkundlich erwähnten Häusern Limburgs. 1323 erwirbt ein Limburger Patrizier dieses Haus gegen zwei

Die Pest in Limburg

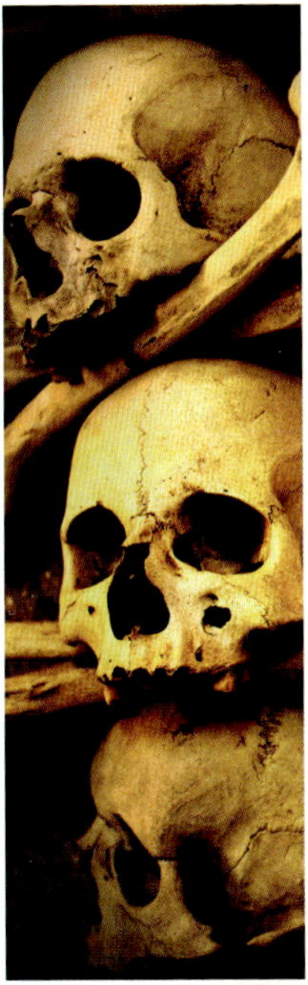

1338 erreichte die Pest das heutige Kirgisistan, 1345 erkrankten die ersten Menschen an der unteren Wolga und auf der Halbinsel Krim. Und schon ein Jahr später erreichte die Pandemie die Grenzen Europas und das Einflussgebiet der Genueser. Von dort aus verbreitete sich die Seuche, begünstigt durch das engmaschige Handelsnetz der Genueser, schnell weiter.
Durch Schiffe, deren Besatzungsmitglieder infiziert waren, gelangte die Pest 1347 nach Konstantinopel, Sizilien und Ägypten. Innerhalb von nur vier Jahren dann per Schiff weiter nach Genua und Marseille. Von dort aus, der Rhone folgend, in Richtung Norden, wo sie 1348 in Bordeaux und Avignon ausbrach. Im Mai desselben Jahres erreichte sie Paris. Der zweite Verbreitungsweg ging von Venedig aus, über die Alpen am Brennerpass nach Österreich und über die Steiermark und Wien nach Deutschland. Dort trat sie erstmals 1349 auf, wie auch in den skandinavischen Ländern und Irland. Vorsichtigen Schätzungen zufolge forderte die Seuche allein von 1347 bis 1353 ca. fünfundzwanzig Millionen Todesopfer in Europa.
In mittelalterlichen Städten herrschten im 14. Jahrhundert für uns unvorstellbare Lebensverhältnisse. Die engen Gassen waren dicht bevölkert. Schmutz, Abwasser, Fäkalien und eklige Laugen wurden vor die Haustür gekippt und, wenn überhaupt, nur notdürftig entsorgt. Bei solch mangelnden hygienischen Zuständen traf der Pesterreger 1349 auf ideale Bedingungen für seine Ausbreitung.
Als das große Sterben begann, suchten die Menschen anfangs noch Zuflucht im Glauben. Doch als abzusehen war, dass dies nichts half, zerfiel nach und nach die öffentliche Ordnung. Orgien, Saufereien und Lästereien waren die Folge. Bald machte man sich nicht einmal mehr die Mühe, die Leichen aus den Häusern zu entfernen. Von 1349–1351 starben nach den Aufzeichnungen des Stadtschreibers Tileman Elhen von Wolfhagen täglich zwanzig bis dreißig Einwohner. Insgesamt fielen in Limburg im Laufe von drei Pestwellen mehr als zweitausendvierhundert Menschen (ohne Kinder) der Seuche zum Opfer.

Mark jährlicher Pacht. Stadtschreiber Tilemann schreibt, dass der große Stadtbrand 1342 von hier ausging und fast die ganze Stadt in Schutt und Asche legte. Angeblich soll ein Meteoriteneinschlag in das Haus Fischmarkt 7 der Auslöser des verheerenden Feuers gewesen sein.
Auch dieses Anwesen wechselte sehr häufig den Eigentümer. 1660 erwarb der Schutzjude (gegen Bezahlung von Gebühren konnten sich die Juden unter den Schutz des Kaisers stellen) Jacob Löw das Gebäude von den Nachfahren derer von Walderdorff. Später soll Jacob Löw bei der Finanzierung des Walderdorffer Hofes maßgeblich beteiligt gewesen sein.

Löw trat die eine Hälfte des Anwesens an Bürgermeister Jacob Schupp ab und richtete auf der anderen Hälfte einen Gebetsraum für die Limburger Juden ein. Überreste der Frauengalerie waren bis in die 1920er-Jahre dort zu sehen.

Fischmarkt 11 + 12

[18] Fischmarkt 6: „Neuer Rebstock"

Das höchste Haus der Limburger Altstadt, erstmals 1365 erwähnt, hat im Laufe der Jahre viele Namen erhalten – „Küche", „Neuer Rebstock", „Judenhaus", „Haus Heun". 1727 richtete der damalige Bürgermeister und Apotheker Johann Jodocus Horst hier die dritte Limburger Apotheke ein. 1886 übernahm der Bäckermeister Heun das Haus für fünfzehntausend Mark. Bis heute ist es im Familienbesitz und beherbergte bis 1991 Bäckerei und Café. Heute befindet sich im Haus ein bekanntes Teefachgeschäft mit ausgefallenen Accessoires und originellen Geschenkartikeln. ↪ *S. 86/90*
Der viergeschossige Fachwerkbau ist ein typisches Limburger Hallenhaus und zeigte ursprünglich, eher untypisch für Limburg, mit seinem Giebel nach Norden. Daher ist davon auszugehen, dass der Nordgiebel zum Zeitpunkt seiner Errichtung frei stand. Das lässt darauf schließen, dass sich hier entweder eine schmale Gasse befand oder der zum Fischmarkt gelegene Flü-

gel des angeblich älteren Nachbaranwesens Fischmarkt 7 deutlich später entstand.
Um 1700 wurde der bis dahin dreistöckige Fachwerkbau aufgestockt und um ein zusätzliches Vollgeschoss mit einem Giebeldach erhöht. Dies führte zu starken Verformungen der unteren Stockwerke, die auch heute noch gut erkennbar sind.
Bei der Teilsanierung 2009 kam nach Abnahme der Verschieferung ein aufwändiges Fachwerk mit der originalen Farbfassung in einem spektakulär guten Zustand zum Vorschein. Die vorzüglich erhaltene grüne Farbfassung ist in die Gefachflächen hineingezogen und bewirkt eine optische Verbreiterung der Fachwerkkonstruktion. Zusammen mit den in leuchtenden Rottönen angelegten Profilierungen in Schwellen und Rähm hat sich hier ein für die Limburger Altstadt bemerkenswerter Befund ergeben.

links: Jugendstil-Ornament im Teeparadies am Fischmarkt 6
oben: Fischmarkt 6 nach der Teilsanierung 2010

[19] Fischmarkt 8+9

Vor dem Haus ist unter dem Pflaster noch ein Keller vorhanden. Darüber befand sich bis 1606 das Haus des Schöffen Jacob Löb, das in der Limburger Geschichte eine peinliche Rolle spielte. Die Kutsche des Kurfürsten Lothar von Metternich war während seines Aufenthalts in der Stadt im Jahr 1599 gegen den Eckpfosten des Hauses geprallt und hatte den Erzbischof daraufhin zu einem Fußmarsch zum Schloss genötigt, was bei den damaligen hygienischen Verhältnissen kein Vergnügen war. Löb war dies so peinlich, dass er der Stadt Limburg nach seinem Tod mit der Begründung, dass es eine „beschwerliche und sorgsame umffahrt bei seiner behausungh uffm fischmarck umbs eck sei", das Haus vermachte. Die Stadt sollte hierfür das Baumaterial seinen Erben überlassen. Nach dem Tod des Schöffen wurde dieses Vermächtnis erfüllt und das Haus niedergerissen.

Von diesen, zum Schutz der Häuser vor den Kutschen errichteten Eckpfosten, leitet sich auch unser heutiger Begriff „Stein des Anstoßes" ab. Das dahinter stehende Haus Nummer 8 erhielt in der Folge einen aufgestockten und damit jüngeren Giebel. Erbaut 1342 als ein Hallenhaus mit vorkragendem Obergeschoss, wird im 18. Jahrhundert in die Halle eine Zwischendecke eingezogen. Bei der Restaurierung 1988 wurde es zur Stablisierung mit einer umlaufenden Stahlkonstruktion versehen, die auch gleichzeitig das dahinter stehende Haus Nr. 9 sichert und an den Seiten sichtbar ist. Die Front des Hauses erhielt nach alten Aufzeichnungen wieder eine Fachwerkfassade, beachtenswert sind hier die wunderschönen Andreaskreuze mit Herzen. Das Haus Nummer 9, erstmalig 1351 erwähnt, war 1460 im Besitz des Stadtschreibers Sure. 1541 folgte die Neuerrichtung des Hauses, versehen mit einem Erker. Ein italienisches Restaurant sowie eine gemütliche Pension ermöglichen hier das Essen und Übernachten in einem mittelalterlichen Hallenhaus.

[20] Fischmarkt 14: „Der Blafelt"

1405 erstmals im Besitz von Hermann Blafelt erwähnt, hat diesen Namen bis heute behalten und war unter anderem 1475 der Wohnsitz einer bedeutenden Patrizierfamilie sowie 1665 des Bürgermeisters Daniel Brandenburger. Heute befinden sich zwei gastronomische Betriebe in diesem Gebäude.

[21] Fischmarkt 15

Das noch nicht sanierte stattliche Haus stammt, wie eine Altersbestimmung ergab, aus dem Jahr 1355 und zählt zu den Ständerbauten mit Hängepfosten. Es steht auf einem sehr alten, riesigen, tonnengewölbten

Die ehemalige Milchgasse zwischen Fischmarkt 9 und 10
rechts: Weihnachtsstimmung auf dem Fischmarkt

Keller von mehreren Metern Tiefe, der bis an den Domfelsen reicht und als Kühlkeller für Getränke benutzt wird. Der heutige Eingang entstand in klassizistischer Zeit.

Erker in der Fahrgasse

[22] Fischmarkt 12: „Nassauer Haus" oder auch „Auersches Haus"
Bemerkenswerter, in Limburg eher selten vorkommender gotischer Treppengiebel. Erbaut vermutlich um 1300, aufwändige Umbauarbeiten datieren auf das Jahr 1552. Bei Sanierungsmaßnahmen fand sich, ähnlich wie

im Römer 2-4-6, eine für damalige Verhältnisse moderne Toilettenanlage. Beachtenswert auch die Rückseite des Hauses in der Fahrgasse mit dem wiederhergestellten Erker. Das Gebäude vermittelt einen guten Eindruck von der Wohnsituation der gehobenen Bürgerschicht im Mittelalter.
Handwerklich hervorragend gestaltete Bronzetafeln in der Haustür (seit 1989) geben Zeugnis zu wesentlichen Daten der Stadtgeschichte. Wohnort mehrerer Bürgermeister, Ratsherren und nassauischer Beamter. Daher hat der letzte Eigentümer das Gebäude auch „Nassauer Haus" genannt.

Posaunenengel
am Haus Fischmarkt 20

[23] Fischmarkt 18/19
Das ansehnliche Hallenhaus, erstmalig 1351 urkundlich erwähnt, ist wohl wegen seiner Größe schon früh geteilt worden. Dahinter befindet sich ein zweistöckiges Magazingebäude, auch als ehemaliger Turm bezeichnet (vermutlich aus dem 13. Jahrhundert) mit einem Grundriss von 6 x 7,8 Meter. 1936 erwarb der Milchhändler Spitzley beide Gebäudehälften und damit wurde das Haus nach 280 Jahren wieder vereint. Eine umfassende Sanierung erfolgte im Jahr 1982. Heute befindet sich dort ein Fachgeschäft für Schokolade.

[24] Fischmarkt 20
Unschwer ist zu erkennen, dass das heutige Anwesen aus zwei Einheiten besteht. Das linke, schmalere Gebäude wird erstmalig 1418 erwähnt und

dient heute als Treppenhaus. Die rechte, größere Haushälfte, wurde bereits 1374 in Dokumenten zum ersten Mal genannt. Das Anwesen gehörte 1573 dem Stadtschultheißen Cornelius Kiselbach, der sehr religiös war und wahrscheinlich die auf dem Dachgiebel dargestellten Posaunenengel, die das Jüngste Gericht ankündigen, anbringen ließ. Die offensichtlich den Köpfen am „Haus der sieben Laster" in der Brückengasse 9 (↪ *S. 27*) nachempfundenen Fratzen wurden bei einer Sanierung um 1900 angebracht. Die Limburger nennen diese Köpfe auch Neid- oder Breiköpfe. Zu den Übeln, gegen die man sich wehren musste, gehörte im Mittelalter nicht nur der „böse Blick", sondern auch der Neid der Nachbarn. An Fachwerkhäusern brachte man deshalb „Neidköpfe" an, grimmig dreinblickende Köpfe oder Figuren, die den Neidern die Zunge herausstreckten.

[25] Fischmarkt 21 + 22: Historisches Rathaus („Altes Rathaus")

Das Hallenhaus, erstmals 1350 erwähnt, wurde von den Eigentümern 1399 zwecks Einrichtung eines Rathauses an die Stadt verkauft. Das bisherige Rathaus, wahrscheinlich in der Salzgasse 4, war zu klein geworden. Trotz mehrfacher Versuche, aus erneutem Platzmangel andere Räumlichkeiten zu nutzen, blieb es fünfhundert Jahre lang das Limburger Rathaus. 1975 erwarb ein Gastronom das Haus. Der dort betriebene „Ratskeller" bestand aber nur drei Jahre, danach ging das Gebäude wieder an die Stadt zurück. Das sehr alte Kellergewölbe stammt aus dem 13. Jahrhundert, die Halle selbst ist eine gotische Erdgeschosshalle mit mächtigen Unterzügen und einer wunderschönen Holzwendeltreppe.

Das Gebäude mit der Hausnummer 22 war lange Zeit nur über die Nachbarhäuser zu erreichen, die erste Erwähnung datiert aus dem Jahr 1361. Unter anderem beherbergte es damals auch eine Gastwirtschaft. Bis zu ihrer Umwidmung nach dem Erwerb durch die Stadt im Jahr 1978 hieß die Gaststätte „Stadtschänke". Nach einer vollständigen Sanierung in den Jahren 1983–1985 ist es jetzt die Heimat der Städtischen Kunstsammlungen und mit dem danebenstehenden Haus verbunden.

oben:
historische Holzwendeltreppe in den Kunstsammlungen
rechts:
Blick in die Kunstsammlungen der Stadt Limburg, ein typisches Limburger Hallenhaus

Seitdem finden dort Dauerausstellungen des weltbekannten Scherenschnittkünstlers Ernst Moritz Engert sowie wechselnde Ausstellungen statt. Ein Besuch der Kunstsammlungen mit ihren abwechslungsreichen und spannenden Ausstellungen ist unbedingt zu empfehlen. ↪ *S. 74*

[26] Fischmarkt 3–4

Die beiden oberen Stockwerke und auch der Giebel dieses ansehnlichen Hauses stammen aus dem frühen 16. Jahrhundert. Der zweigeschossige

Unterbau dagegen ist sehr viel älter. Auch dieses Haus wurde unter den Erben aufgeteilt und war lange Zeit im Besitz der Familie Bachers, den man in Limburg auch den Pariser Schuhmacher nannte, vor allem, weil er auf seiner Wanderschaft dort seine Fertigkeiten vertiefte. Der Sohn, Anton Bachers, betrieb in dem Haus sein Geschäft noch bis 2002, weit in seine neunziger Lebensjahre hinein.

Fischmarkt 1 + 2
„Steinernes Haus"

[27] Fischmarkt 1+2: „Steinernes Haus"

Eines der fünf in Limburg erbauten steinernen Häuser mit gotischem Treppengiebel, vermutlich nach den großen Stadtbränden (1289 und 1342) im frühen 14. Jahrhundert entstanden. Eine Komplettsanierung wurde im Jahr 1982/1983 durchgeführt. Es zählt zu den wenigen kaum veränderten spätmittelalterlichen Massivbauten und ist daher von großer Bedeutung für die Limburger Baugeschichte.

Salzgasse • Plötze

[28] Salzgasse

Die Salzgasse war im Mittelalter eine wichtige Verbindung zwischen Kornmarkt und Fischmarkt und bevorzugte Wohngegend der reicheren Bürger. Entsprechend aufwändig sind die Hallenkonstruktionen und Fassaden von

oben: Salzgasse 23+25
„Zum Eselsfuß"
links: Fassaden in der Salzgasse

einigen der Häuser. Bis etwa 1629 hießen der kleine Platz und die Gasse noch Heumarkt. Erst danach setzte sich der Begriff Salzgasse durch.

[29] Salzgasse 23+25: „Zum Eselsfuß"

Der Name des Gebäudes stammt vom ursprünglichen Besitzer Lutze Eselfuß und taucht schon 1388 in Unterlagen auf. In der Folge wechselte der Eigentümer häufig, unter anderem gehörte es dem Ratsherrn Leonhard Lamby, der es seinen beiden Schwiegersöhnen, dem Stadtleutnant und Färber Dietrich Wenzel sowie dem Wollwebermeister Johann Wilhelm Hillebrand überließ. Diese teilten das Anwesen und verkauften es 1680. Der Schätzwert des Gebäudes lag um 1700 bei dreizehnhundert Reichstalern. 1894 gelangte es in den Besitz des Bäckermeisters Joseph Will. Die Nachfahren betreiben noch heute in diesem Haus ein Café und erwarben vor wenigen Jahren auch wieder die Haushälfte Nr. 25.

Giebel Salzgasse 21

[30] Salzgasse 21: „Zum Reichsapfel"

Das heutige Anwesen an der Ecke Salzgasse, dem damaligen Heumarkt, wurde erst 1573 gebaut und ist bis heute kaum verändert worden. Ursprünglich standen an dieser Stelle zwei andere Häuser. Über dem Eingang in der Salzgasse befindet sich die Türinschrift „In Gottes Frieden stehn ich – Christian Deul bauet mich". Außerdem ist auf dem linken Ständer die Hausmarke, ein Webrahmen, angebracht. Auf dem rechten Ständer, zur Plötze hin, ein Vierkopf (Glücksvier). Seinen Namen erhielt das Haus von der Gaststätte „Zum Reichsapfel", die hier 1791 eingerichtet wurde und noch 1820 bestand. Das Haus ist aufgrund der Entstehung, der beeindruckenden Größe sowie der Einzigartigkeit seiner Ornamentik eines der wichtigsten Beispiele des Fachwerkbaus des späten 16. Jahrhunderts. Bis ins 19. Jahrhundert hinein befand sich an der Ecke des Hauses ein öffentlicher Brunnen. Gegenüber, in der Salzgasse 20, stand im 17. Jahrhundert die städtische Waage.

rechts: historischer Blick in die Salzgasse

[31] Salzgasse 16: „Das goldene Kreuz"

Ein stattliches Anwesen, direkt am ehemaligen Heumarkt gelegen und – wie es die Inschrift eines Balkens mitteilt – in den 1670er-Jahren gebaut. Auf dem Türsturz, der später im Hinterhofanbau verbaut wurde, ist zu lesen: „In Gottes Handt stehe ich, Hans Goerg Kalckoffen erbawet mich 167?" (die letzte Ziffer fehlt). Ebenfalls im Hinterhof, am Eingang des hinteren Gebäudes, befindet sich die Hausmarke des Eigentümers Johann Friedrich Burckhard „J F B".

[32] Salzgasse 17/19

Das große und mittlerweile aufwändig restaurierte Haus aus dem Jahr 1348 liegt im Übergangsbereich zwischen Plötze und Salzgasse. Die Vorgeschichte des Hauses ist weitgehend unbekannt, aber einiges spricht dafür, dass der Vorgängerbau ursprünglich wohl das Eckhaus zur Plötze war. Wie viele Häuser war auch dieses Haus über lange Zeit geteilt und hat daher bis zu seiner Sanierung in den 1980er-Jahren in beiden Hälften eine unterschiedliche Baugeschichte erlebt. Imposant ist der zweischiffige, kreuzgratgewölbte, fast fünf Meter hohe Keller. Ein schachtähnlicher Raum, über die ganze Höhe des Hauses verlaufend, deutet auf eine gewerbliche Nutzung. Vermutlich diente er zum Trocknen langer Materialbahnen, wie es beim Färben von Stoff notwendig war.

[33] Salzgasse 6: „Die Judenschule" und „Gasthaus zu den drei Kronen"

Das Haus erhielt seine heutige Gestalt in der ersten Hälfte des 19. Jahrhunderts. Es ist mit hoher Wahrscheinlichkeit der Ort, hinter dem die erste Judenschule oder Synagoge, die 1320 und 1375 für diesen Bereich erwähnt wurde, gestanden hat. Das steinerne Hinterhaus an der Nonnenmauer 5 wird als ein Ort genannt, an dem „Juden zu tanzen pflegten". Später war in diesem Hinterbau die Mädchenschule des Hospitals untergebracht. 1979 wurde bei Aufräumungsarbeiten ein altes, vergessenes Weinlager entdeckt.

Sieges Haus, Plötze 16

[34] Salzgasse 4: „Zum goldenen Adler"

Sehr wahrscheinlich war dies der Standort des ersten Limburger Rathauses und 1507 der Tatort des Mordes an dem Schultheißen Peter Stuyff durch die beiden Junker Obentraut und Langenbach. Sie wurden im Nachbarhaus Salzgasse 6 von den aufgebrachten Bürgern festgenommen. Kurze Zeit gehörte das große Anwesen auch dem Reichstagsabgeordneten Peter Paul Cahensly. Ab 1909 betrieb der Konditormeister Karl Maldaner dort sein bekanntes Café. Das Gebäude ist leider 1967 niedergelegt worden, wodurch eines der markantesten Gebäude Limburgs verlorenging.

[35] Plötze 16: Sieges Haus

Das dreigeschossige Fachwerkhaus wurde um 1570 über den Kellern eines älteren Vorgängerbaus (um 1330) durch die Familie von Siegen errichtet, von der auch der Hausname herrührt. Der reich geschmückte Schaugiebel zur Plötze wird durch zwei massive Brandwände zu den Nachbarhäusern eingefasst. Für Limburg herausragend ist der zweistöckige Runderker, der den Obergeschossen asymmetrisch vorgelegt ist. Er zeigt Maßwerkzeuge und eine Inschrift: „Dis Haus steht in Gots Hand das Siges Haus ist es genant". Das Haus ist durch die Jahrhunderte von Gewürzhändlern, Schultheißen, Schöffen, Kanonikern und um 1790 auch vom städtischen Scharfrichter bewohnt worden. Ab 1720 lebte dort ein bekannter Stuckateurmeister namens Eugenius Castelli. Aus Italien stammend, hat Castelli zahlreiche Schlösser in der weiteren Umgebung mit seinen Stuckaturen gestaltet.
Trotz zahlreicher Änderungen im Laufe der Jahrhunderte haben sich, besonders im Giebeldreieck, viele originale Hölzer erhalten. Diese lassen einen für die damalige Zeit in seiner Konstruktion und künstlerischen Ausgestaltung sehr fortschrittlichen Bau erkennen, der seiner Zeit weit voraus war. Nach der gelungenen Sanierung 2008/2009 ist es wieder ein Kleinod in der Altstadt geworden.

Blick auf die Plötze mit Sieges Haus und Weinhaus Schultes

Jüdische Gemeinde in Limburg

Der jüdische Friedhof am Schafsberg

Nach der Zerstörung der ältesten jüdischen Gemeinden am Rhein (Mainz, Worms, Speyer, Köln) im ersten Kreuzzug siedelten sich die ersten Juden, aus Frankreich kommend, 1190 in Limburg an. 1278 wird ein Jude namens Abraham in Limburg urkundlich erwähnt, der durch seinen Verzicht auf Schuldenrückzahlung die Rechte der Bürger von Limburg sichert.

Die Judengasse befand sich vermutlich als Sackgasse zwischen Salzgasse und Nonnenmauer. In diesem Bereich gab es seit dem 14. Jahrhundert eine Synagoge, Schule und eine Mikwe. Spuren eines Badehauses befinden sich auch im Keller des Hauses Plötze 3.

Die Mikwe ist ein Kultbad der Juden und wird für verschiedene kultische Handlungen genutzt. Sie muss nach den religiösen Vorschriften bis an das Grundwasser hinabreichen, damit genügend Wasser zum Eintauchen von Personen vorhanden ist. Eine solche Stätte wurde am Römer 2-4-6 gefunden ↪ *S. 29*. Dieses „kalte Bad der Juden“, wie man es bezeichnet, hatte einen quadratischen Grundriss und war ursprünglich mit einer Gewölbedecke versehen. Eine hölzerne Treppe führte in den Badeschacht. Urkundlich erwähnt ist ein weiteres rituelles Bad am Platz vor der Johanniskapelle in der Erbach und als Anbau der Synagoge, 1903 errichtet, an der Schiede.

1349 wurden die Juden in Limburg aus der Stadt vertrieben. Nach einer kurzen Erholungsphase für die jüdische Gemeinde begann im Jahr 1450 eine erneute Vertreibung. Beide Male wurde den Juden unterstellt, sie seien Schuld am Ausbruch der Pest, die auch im Raum Limburg die Bevölkerung furchtbar traf ↪ *S. 35*. Vereinzelt lebten noch einige wenige Juden in Limburg, aber eine größere Gemeinde scheint sich nicht mehr gebildet zu haben. Als Synagoge nutzte man bis ins 18. Jahrhundert die Häuser am Fischmarkt 7 (↪ *S.34*) und in der Löhrgasse 8.

Nach dem Dreißigjährigen Krieg entstand erneut eine jüdische Gemeinde in Limburg. 1754 sind sechs jüdische Familien verbürgt, 1852 dann sechzig und im Jahr 1910 lebten zweihunderteinundachtzig Juden in der Stadt. 1903 wurde die neue Synagoge an der Schiede bezogen, eine Mikwe war in einem kleinen Fachwerkhaus daneben untergebracht. Vor der einsetzenden Judenverfolgung der Nationalsozialisten zählte die jüdische Gemeinde in Limburg fast dreihundert Personen. In der Folge sank diese Zahl schnell. Schon 1933 gab es nur noch einhundertvierundfünzig jüdische Einwohner, nach den Pogromen am 9. November 1938 noch sechsundachtzig und 1939 lebten nur noch acht ältere jüdische Mitbürger in der Stadt. Von rund achtzig jüdischen Limburgern ist bekannt, dass sie noch rechtzeitig auswandern konnten, siebzig jedoch wurden ermordet. Nach Kriegsende kehrten nur drei jüdische Limburger in die Heimatstadt zurück. Eine Gedenkstätte mit den Namen der ermordeten Juden befindet sich auf dem jüdischen Friedhof unterhalb des Schafsberges.

[36] Plötze 14: Weinhaus Schultes

Das eindrucksvolle Gebäude entstand 1567. Ein Teil des Weinkellers gehörte zuvor dem benachbarten Haus Nr. 16. Das Weinhaus selbst besitzt einen herrlichen Erker, der die biblische Szene des Propheten Jonas zeigt, wie er vom Walfisch verschlungen und wieder ausgespien wird. Der Wal sieht auf der Darstellung wie ein Drache aus. Vermutlich hat der Künstler nie in seinem Leben einen Wal gesehen und stattdessen einen Drachen dafür eingesetzt. Das Familienwappen und das Baujahr sind am Schlussstein im rundbogigen Portal zu sehen.

oben: sehenswerter Keller im Weinhaus Schultes
links: Weinhaus Schultes auf der Plötze

Das Haus beherbergt im Erdgeschoss seit 1836 ein bekanntes Weinrestaurant und hatte über Jahrzehnte hinweg eine legendäre und gefürchtete Wirtin. Es gehört noch heute zu den beliebtesten Lokalen in Limburg. In einem der schönsten Keller der Altstadt befindet sich eine Sammlung von eindrucksvollen Weinfässern mit einem Fassungsvermögen von bis zu tausend Litern. ➚ *S. 99*

[37] Plötze (von Pleitsche = Plätzchen)

Mitten auf dem mittelalterlichen Platz steht das Denkmal des Raubritters

oben: Stadthauptmann Friedrich von Hattstein
links: die Plötze

Friedrich von Hattstein, den die Limburger 1353 zu ihrem Stadthauptmann ernannten. Er war berühmt-berüchtigt für seine außergewöhnlichen Kräfte. Nach überlieferten Erzählungen stemmte er locker ein 160-Liter-Weinfass. Eine Säule hinter dem Ritter erzählt, zum Teil in Spiegelschrift, die Geschichte des Stadthauptmanns. Die gewaltigen Kräfte nützen ihm letztendlich nichts, im Jahr 1363 wurde er erschlagen am Fuße des Greifentores aufgefunden. Die Plastik des Limburger Künstlers Karl Matthäus Winter stellt Ritter Hattstein mit Handschellen und Schwert als Zeichen der Amtsgewalt dar. Aus seiner Hosentasche schaut ein „Langfinger" heraus, deren Festnahme zu seinen Aufgaben gehörte. An der Stelle des Denkmals standen

Blick in die Fleischgasse

noch bis in die 1940er-Jahre Häuser, die dann abgerissen wurden, sodass der Platz in seiner heutigen Form erst relativ spät entstand. In der jüngeren Zeit hat sich die Plötze zu einem Zentrum der Gastronomie entwickelt und bietet aus allen Blickrichtungen wunderschöne Ansichten.

[38] Fleischgasse

Der Name ist erstmals 1360 dokumentiert und wurde im 15. Jahrhundert zur vorherrschenden Bezeichnung für diese Gasse. Sie lag früher fünfzig bis sechzig Meter parallel hinter der Stadtmauer und hatte eine große wirtschaftliche Bedeutung für die Stadt. Hier wurde mit Vieh gehandelt und geschlachtet. Unmittelbar hinter der Stadtmauer lagen damals dicht nebeneinander die sogenannten Fleischschirne (offene Verkaufsstände der Fleischer). Erst mit dem Abbruch der Stadtmauer und dem Entstehen der Grabenstraße um 1840 verschwanden die Schirne. Eine Ableitung des Kasselbachs durchfloss vom Tal Josaphat kommend, die Fleischgasse. Abgedeckt strömte sie dann über die Plötze teils zur Grabenstraße bzw. entlang des Schießgrabens über den Bornweg in die Lahn. Erst im Jahr 1911 wurde aus hygienischen Gründen „die Bach", wie die Limburger sagten, trockengelegt.

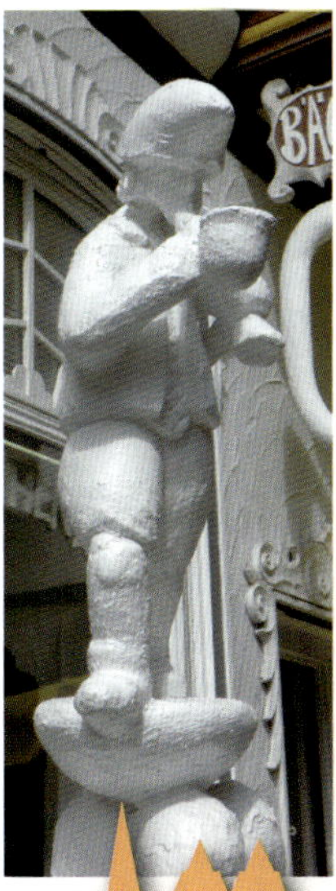

Skulptur vor der Bäckerei Hensler

Rund um Kornmarkt und Bischofsplatz

[39] Kornmarkt

Der größte Platz in der Limburger Altstadt, urkundlich erstmalig im Jahr 1339 erwähnt, war im Mittelalter der wichtigste Handelsplatz und ist bis heute ein beliebter Treffpunkt geblieben. Jahrhundertelang fand hier lebhaftes Markttreiben statt, erst als Handel mit Getreide und Brot und dann bis 1913 als Wochenmarkt. Ab 1750 stand im Gebäude der heutigen Commerzbank auch die städtische Waage.

[40] Kornmarkt 1

Ursprünglich aus zwei Gebäuden bestehend, erhielt dieses eindrucksvolle Haus im späten 18. Jahrhundert eine einheitliche Putzfassade im Stil des Übergangs vom Spätbarock zum Frühklassizismus. Anfang des 20. Jahrhunderts befand sich hier das erste Kaufhaus Limburgs. Heute betreiben die Nachfahren eine bekannte italienische Espressobar, die ein beliebter Treffpunkt ist.

[41] Kornmarkt 3: „Zum Goldenen Hirschen"

Laut Wirtshausschild ist das Haus im Jahr 1527 erbaut. 1595 wurde es erstmalig als Gasthaus erwähnt. Später befanden sich dort ein Hutgeschäft und danach ein Tapeziergeschäft.

[42] Kornmarkt 8/Kolpingstr. 1: Bäckerei Hensler
Das „Haus Schöneck" in der Kolpingstr. 1 wurde erstmals 1339 erwähnt, das Haus Kornmarkt 8 beherbergte früher unter anderem eine Weinhandlung, ein Weinhaus und eine Brauerei.
Die Bäckerei an dieser Stelle besteht schon seit über dreihundert Jahren und ist noch heute ein Anziehungspunkt für Einheimische und Besucher. Der historische Bäckerladen ist im Besitz der Familie Hensler. Friedel Hensler, der Bäckermeister (gestorben 2008), war auch als Künstler bekannt. Seine Figuren zieren die Front des Hauses. ↪ *S. 86*

[43] Haus Betten Siebert (Barfüßerstr. 1–3)
Das jüngste Fachwerkhaus Limburgs. Das sehenswerte Gebäude, im Jahr 1912 im Jugendstil erbaut, fällt durch seine aufwändigen Schnitzereien an der Front des Hauses auf. Die obere Reihe soll die vier Jahreszeiten darstellen, während als Vorbild für die Engel die Bronzetafeln des Florentiner Bildhauers Donatello am Hauptaltar der Basilika St. Antonio in Padua dienten. Das benachbarte Haus Nr. 3 (die „Alte Apotheke") wurde 1350 erstmalig erwähnt. Hier eröffnete 1617 die erste Apotheke Limburgs. Zusammen mit dem Jugendstilbau erlangte dieses Gebäude 1912 seinen heutigen Zustand.

[44] Barfüßerstraße
Der 1209 vom Heiligen Franziskus in Italien gegründete Bettelorden verpflichtet seine Mönche zur absoluten Armut und Askese. Daher gehen die Mönche stets barfuß oder in Sandalen – daher auch der Name Barfüßerstraße. Die Bezeichnung umfasste früher alle Straßen, die zum Kloster in der Böhmergasse und zur Kirche der Franziskaner, der heutigen Stadtkirche am Bischofsplatz führten. Sicher ist mittlerweile, dass die Barfüßerstraße sehr alt ist. Einige der Häuser wurden bereits im 14. Jahrhundert erwähnt. An der Ecke zur Kolpingstraße stand ein öffentlicher Brunnen („Boppenborn"). Die Häuser auf der Südseite der Gasse besitzen sehenswerte Giebelverzierungen.

[45] Rossmarkt
Der Name weist auf einen Pferdemarkt hin. Auf diesem Markt tagte außerdem das Rossgericht, das kaiserlich privilegiert war und als eines der ältesten gilt – neben Frankfurt, Mainz, Marburg und Gießen. Auf dem Platz befand sich des Weiteren die Studentenschule (Gymnasium) der Franziskaner. Ursprünglich war der Rossmarkt wohl erheblich größer als heute, der Häuserblock Nr. 9–13 entstand erst um 1670.

[46] Rossmarkt 15: Waldmannshausener Hof
Der Burgmannenhof stammt in seiner heutigen Gestalt aus dem Jahr 1479.

Das jüngste Fachwerkhaus in Limburg (Barfüßerstr. 1-3), erbaut 1912

Der sich darunter befindliche Keller ist deutlich älter. Gebaut wurde das Haus vom Kanoniker Peter Helwich. Danach gehörte es den Adligen von Staffel und 1536 gelangte es in den Besitz von Wilhelm von Waldmannshausen. Im Jahr 1600 erwarb der Graf Georg von Nassau-Katzenelnbogen das großzügige Anwesen, um es 1613 mit Johann Cuno Schütz von Holzhausen gegen dessen Grundbesitz zu tauschen. Heute befindet es sich im Besitz eines bekannten Drehbuchautors, dessen Firma sich „Mord und Totschlag" nennt.

[47] Kolpingstr. 6/Bergstr. 7

Zweifellos gehört dieses Gebäude zu den ältesten Häusern in Limburg und ist kurz nach dem großen Stadtbrand 1289 entstanden. Unter dem Haus befindet sich ein großer tonnengewölbter Keller, der auch schon von einem Vorgängerbau stammen kann. Vor der Übernahme der Herrschaft über Limburg gehörte das Anwesen dem Erzbischof von Trier. Nachdem dieser 1420 die Herrschaft und damit das Schloss übernahm, wurde es wohl nach 1470 verkauft. 1787 sollte das Haus abgerissen werden, um eine bessere Zufahrt zum Schloss zu schaffen. Das Vorhaben wurde jedoch nicht verwirklicht. Bei den umfassenden Sanierungsarbeiten 1990 entdeckte man, dass das Haus über siebenhundert Jahre alt ist.

[48] Bischofsplatz

Der Platz erhielt seinen Namen mit der Gründung des neuen Bistums im Jahr 1827. Die Verwaltung des Bistums zog in das alte Franziskanerkloster ein. Ursprünglich hatte der Orden hier um 1232 eine der ältesten Niederlassungen Deutschlands gegründet. Zunächst hatte der Bettelorden der Franziskaner, wegen ihres fehlenden Schuhwerks auch Barfüßer genannt, nur eine einfache Holzkapelle und den Friedhof dort errichtet. Die heutigen Gemäuer entstanden erst nach freigiebigen Spenden der Bürgerschaft an die beliebten Klosterbrüder. Nach und nach kaufte das Kloster alle Gärten und Häuser in Richtung Rossmarkt auf und fügte die Areale dem Klostergelände zu. Die Franziskaner stellten ihr eigenes Ordenstuch her, brauten Bier und unterhielten eine Klosterschule. Vor der Kirche befand sich der Friedhof, der heute den Bischofsplatz bildet. Die Kreuzigungsgruppe vor der Stadtkirche stand ursprünglich auf dem Friedhof.

rechts: Bischofsplatz

[49] Bischofsplatz 9: Haus Byron

Das Eckhaus, mit einer Grundfläche von achtzehn Quadratmeter eines der kleinsten Fachwerkhäuser in der Altstadt, beherbergt einige Figuren des verstorbenen Bäckermeisters Friedel Hensler. Der Name des früheren Eigentümers (Byron) ist eine Weiterentwicklung der Namensfamilie Piron/ Pieroth. ↪ *S. 86*

[50] Bischofsplatz: Stadtkirche mit Franziskanerkloster

Erbaut wurde die Franziskanerkirche nach 1300 und war nach dem Ideal der Franziskaner anfangs sehr schlicht gehalten. 1742–1743 Umbau der Kirche im Barockstil. Dabei erhielt sie anstatt der alten Flachdecke eine stuckierte Spiegeldecke, außerdem eine Erneuerung der Bemalung, der Kanzel sowie des Kirchengestühls. 1820 Ernennung zur Stadtkirche. Der barocke Orgelprospekt wurde 1672 errichtet. Das Instrument stammt von der bekannten Orgelbauerfirma Klais. ↪ www.klais.de

Auch das Klostergelände rund um die Stadtkirche erlebte im Laufe der Zeit vielfältige Veränderungen. Mit der Gründung des Bistums Limburg im Jahr 1827 entstanden im ehemaligen Kloster die Bischöfliche Residenz, 1828 dahinter das Priesterseminar sowie die Wohnungen für den Stadtpfarrer und den Ersten Domvikar. Heute beherbergt das ehemalige Kloster das Bischöfliche Ordinariat, die Verwaltungsstelle des Bistums.

oben:
Waldmannshausener Hof am Rossmarkt 15
links:
Stadtkirche am Bischofsplatz

[51] Bischofsplatz/Frankfurter Str. 2: „Haus Trombetta"

Eine Gruppe von Fachwerkhäusern aus verschiedenen Jahrhunderten mit einem Hofportal von 1769. Erstmals 1312 erwähnt, wurde das Gebäude durch zwei Zukäufe in der Fleischgasse erweitert. Der zur Grabenstraße hin gebaute klassizistische Teil steht auf den Resten der Stadtmauer aus dem 13. Jahrhundert. Der Mittelbau stammt aus dem Jahr 1885. Das Ensemble war in der Zeit von 1769 bis 1960 Sitz der alten Limburger Handelsfamilie Trombetta, die ursprünglich im 17. Jahrhundert aus Norditalien eingewandert war und schnell zu angesehen Bürgern der Stadt aufstiegen. Bankgeschäfte und eine Kaffeerösterei waren die Standbeine der Familie.

Verzierungen am Rossmarkt 15

Außerhalb der Altstadt

[52] St. Anna-Kirche und Hospital

Die Kirche und das Kloster, erbaut nach 1317, erhielten durch den Umbau von 1651/52 in Teilen ihre heutige Gestalt. Gegründet durch den Orden der Wilhelmiten, blieb die Gemeinschaft bis 1568 in Limburg. Dann übernahm der Stadtrat die bestehenden Gebäude, um 1573 die Kirche und das Kloster als Hospital weiterzuführen. Das Hospital wurde 1729 neu errichtet und erhielt auch einen Raum für die Hospitalschule. Dem Hospital kam die reiche Schenkung des Werner Sengers zugute, aus deren Mitteln noch heute durch den Bürgerhospitalfond viel Gutes bewirkt wird.

Im Innern befindet sich eine wertvolle Annaselbdritt-Figur (Darstellung der heiligen Anna mit ihrer Tochter Maria und dem Jesusknaben) aus dem 15. Jahrhundert. Neben der Madonna auf der Sichel (ebenfalls 15. Jahrhundert) und der Pieta ist insbesondere das wertvolle, mittlere Chorfenster aus der Zeit 1320–1380 zu erwähnen. Mit achtzehn Bildern als Biblia pauperum

St. Anna-Kirche

wird das Leben Jesu dargestellt. Als Armenbibel (lat. Biblia pauperum) bezeichnet man eine mittelalterliche Sammlung einer bestimmten Anzahl von Blättern, auf denen bildlich meistens jeweils eine Szene aus dem Neuen Testament (oder einer ihm zugeordneten Überlieferung) umrahmt wird von Szenen und Texten aus dem Alten Testament. Die Kanzel wurde vom Bildhauer Martin Volck aus Hadamar geschaffen.
Die neue Schiegnitz-Orgel, ein Orgelneubau in historischem Gehäuse, gilt unter Kennern als ein Meisterwerk des Orgelbaus.
Mehr Infos: www.voceumana.de und www.limburg.de

[53] Neues Rathaus – Werner-Senger-Straße

Felix Genzmer und der spätere Bürgermeister Joseph Kauter errichteten von 1897–1900 das neue Rathaus, nachdem das „Historische Rathaus" am Fischmarkt (heute Kunstsammlungen der Stadt Limburg – ↪ *S. 74)* zu klein geworden war. Es ist ein weiß verputzter Massivbau mit einem Sockel aus Lavasteinen. Der im Renaissancestil mit gotischen Elementen errichtete Bau nimmt im Obergeschoss aber die Fachwerkarchitektur der Altstadt auf. Er gilt als ein bedeutender Verwaltungsbau des Späthistorismus.
Ende der sechziger Jahre wurde das Rathaus durch einen Neubau erweitert und beide Gebäude durch eine gläserne Brücke verbunden. 1993 erfolgte eine Aufstockung um zwei weitere Geschosse.

rechts: Uhr am Neuen Rathaus

[54] Georgsbrunnen – Neumarkt

Die vom Limburger Ehrenbürger Josef Heppel im Jahre 1910 gestiftete, etwa zweieinhalb Meter große, runde Brunnenschale aus Main-Sandstein befand sich ursprünglich an der Südwestseite des Rathauses. Der Brunnen mit dem heiligen Georg, Dompatron und Patron des Bistums und auch Schutzheiliger von Limburg, wurde in den 1960er-Jahren an die Plötze verlegt und stand auf dem Plateau, wo sich heute die Statue des Ritters Hattstein befindet.
In den 1980er-Jahren erneute Verlegung des Brunnens. Die beschädigte Georgsfigur wurde mithilfe eines Abdrucks neu gegossen, dieses Mal in Bronze, und auf dem umgestalteten Neumarkt aufgestellt. Die alte Originalfigur steht nun am Eingang des Limburger Stadtarchivs.
Der heilige Georg, geboren im 3. Jahrhundert, wahrscheinlich in Kappadokien/Byzanz, soll zu Beginn der Christenverfolgung unter Kaiser Diokletian (284–305) im Jahr 303 eventuell in Lydda, Palästina, oder in Nikomedia als Märtyrer gestorben sein. Besonders die Drachentötersage, die erst achthundert Jahre nach der Verbreitung seiner Märtyrerlegende entstand, hat ihn berühmt gemacht. Auch die zeitweilige Entfernung aus dem katholischen Heiligenkalender änderte nichts an seiner Verehrung.

Neues Rathaus, erbaut 1897-1900

Der Domberg

Der Limburger Dom

Bauwerk und Lage Den Reisenden auf der A 3 ist er ein bekanntes Bauwerk. Majestätisch erhebt er sich, hoch auf einem Felsen gelegen. Um wie viel mehr muss er die Reisenden im Mittelalter beeindruckt haben, die sich, meist zu Fuß und nicht über Brücken und Autobahnen, dem Bauwerk näherten. Ihnen bot er durch seine exponierte Lage einen mächtigen und bleibenden Eindruck. Von allen Seiten erlebte und erlebt der Reisende die herausragende städtebauliche und landschaftliche Lage dieses Kirchenbaus. Nachdem er ab 1964 den 1000-DM-Schein zierte, nahm seine Bekanntheit noch weiter zu. 2011 wurde der Limburger Dom bei einer Abstimmung des Hessischen Rundfunks mit großem Vorsprung zur schönsten Kirche Hessens gewählt.

Eine der schönsten Ansichten bietet der Dom von der Alten Lahnbrücke aus. Aber auch nahezu das gesamte nördliche Lahnufer erlaubt immer wieder wunderbare Ausblicke auf die Kathedrale mit ihren sieben Türmen. Genauso beeindruckend ist die Ansicht, wenn man eine der engen Altstadtgassen den Domberg hinaufsteigt. Die beiden großen Türme der Westfassade, der alles überragende achteckige Vierungsturm und die vier kleinen Ecktürme der Querschiffsfassaden bieten ein großartiges Bild seiner architektonischen Vielfalt.

Historische Ansicht

Gründungsgeschichte Auf dem Domberg befanden sich bereits vor dem Bau des jetzigen Sakralbaus zwei Vorgängerkirchen. Grabungen in den dreißiger und siebziger Jahren des 20. Jahrhunderts förderten Fundamente älterer Kirchenbauten zutage. Diese lagen im Innenbereich einer auf die Merowingerzeit zurückgehenden Burganlage der Gaugrafen des Niederlahngaus. 910 wurde vom Gaugrafen Konrad Kurzbold in diesem Bereich ein Chorherrenstift für achtzehn Kleriker gegründet. Anstelle der ersten Kirche wurde eine Pfeilerbasilika errichtet, die um 1150 umgebaut wurde. Aus dieser Zeit befindet sich ein Altarweihereliquiar im hiesigen Domschatz. ↪ *S. 65.* Ab ca. 1180 wurde mit dem Bau einer neuen Stiftskirche begonnen, dem heutigen Dom. 1235 weihte der Trierer Erzbischof Theoderich II. von Wied den Hauptaltar ein.

Zu diesem Zeitpunkt erfüllte diese Kirche zwei Funktionen. Zum einen war sie das sakrale Zentrum des Kollegiatsstifts St. Georg, zum anderen Kirche für die Stadtpfarrei St. Nikolaus. Damals fanden die Gottesdienste für den Stiftsklerus im Binnenchor und der Vierung statt, für die Laiengemeinde im Langhaus und Querhaus. Die beiden Bereiche waren durch einen sogenannten Lettner (Trennmauer in Kirchen) strikt getrennt.

Baugeschichte und Architektur Der Limburger Dom ist eine dreischiffige Emporen-Basilika. Durch die lange Bauzeit von ca. 1180 bis 1235 vereinen sich spätromanische und früh- bzw. hochgotische Architektur-Ele-

Historische Ansicht

mente. Der gesamte Bau misst 54,5 Meter in der Länge, 35,4 Meter in der Breite. Die Doppeltürme im Westen erreichen eine Höhe von 37 Metern, der alles überragende Vierungsturm 66 Meter. Die sieben Türme und die Kompaktheit der Architektur, der mehrfarbige Putz in Rot, Ockergelb und

Schwarz geben dem Dom sein charakteristisches Aussehen. Doppelturmfassaden wie in Limburg findet man oft im Rheinland, so beispielsweise in Koblenz, Andernach und Xanten.
Geprägt wird der vergleichsweise einheitlich gehaltene Innenraum durch

ein schmales, hohes viergeschossiges Mittelschiff mit Arkaden, Emporen, Triforien und Obergaden. Dieser Wandaufbau umzieht den gesamten Innenraum und zeichnet sich zugleich durch eine umfangreiche Ausmalung aus der Bauzeit aus. Architektur und Malerei machen den Dom zu einem Höhepunkt mittelalterlicher Baukunst und zu einer vollendeten Schöpfung der Baukunst seiner Zeit. Schmucklose Stützpfeiler und Strebebögen, die bis an das Dachgesims reichen, nehmen den Gewölbeschub auf und leiten ihn nach unten ab.
Während der Bauzeit vollzog sich ein grundlegender Wandel in der Architekturgeschichte. Eine lang anhaltende Periode romanischer Formgebung wurde abgelöst durch einen neuen Stil, den man seit der frühen Neuzeit (16. Jahrhundert) als Gotik bezeichnet. Ihren Ursprung hatte die Gotik in Nord- und Mittelfrankreich, sie enthielt aber auch arabische und byzantinische Formen, die durch die Kreuzzüge nach Mitteleuropa gelangten. Nach und nach breitete sich der Baustil in ganz Europa aus und erreichte auch Limburg. Dort begann man die Georgskirche noch in Formen der rheinischen Romanik. Dies bezeugen vor allem der Grundriss, die kompakte Silhouette mit der Vielzahl der Türme und deren Rautendächer. Aber schon bald wur-

Der Namenspatron hl. Georg am Dachfirst der Westfassade

In der Leibung des Hauptportals zwei Figuren, die wahrscheinlich den Stifter (oben) und Baumeister (unten) darstellen
rechts: Rosette an der Westfassade

den die ersten gotischen Elemente aufgenommen: die Strebekonstruktion an Chor und Langhaus und die große Rosette der Westfront. Sie besteht aus acht Rundfenstern, die ein neuntes in die Mitte nehmen, und wird von vier im Uhrzeigersinn angeordneten Evangelistenskulpturen begleitet. Von links oben: Matthäus (Engel), Johannes (Adler), Lukas (Stier) und Markus (Löwe). Das Vorbild für diese Rosette findet sich im Querhaus der Kathedrale von Laon, nahe Paris. Über diese Elemente hinaus fand der große Durchbruch zu einem umfassenden gotischen Konzept jedoch nie statt.
So ist, zusammenfassend betrachtet, am Limburger Dom die massive, wehrhafte, mauerdominante Bauweise als romanisch zu erkennen, als gotisch dagegen die hohe, lichtdurchflutete, emporstrebende und durch einzelne Architekturglieder bestimmte Bauweise.
Die spätmittelalterliche Sakralarchitektur ist reich an Symbolen. Nicht zufällig hat der Dom sieben Türme, denn sieben ist die Anzahl der Sakramente. Sieben ist auch die Summe aus drei und vier, den drei göttlichen und vier Kardinaltugenden. Drei und vier multipliziert ergibt zwölf, die Anzahl der Apostel und Stämme Israels.
In der Zeit vom 14. bis 17. Jahrhundert fanden nur geringe Änderungen am Bau statt. 1609 erfolgte der Abriss des mittelalterlichen Lettners zugunsten einer frühbarocken Vereinheitlichung des Innenraums. Das 1496 im Mittelschiff errichtete Sakramentshaus behielt seinen Platz bei.
In diesem Zeitraum wurde die umfangreiche spätromanische Innenausmalung durch meist kleinformatige Bilder sowie die Innenausstattung durch eine Vielzahl von Epitaphien (Grabdenkmäler) ergänzt.
Ab dem Jahr 1749 werden einige Veränderungen des Kircheninnern im Sinne des Spätbarocks vorgenommen.

Die Glasmalereien wurden durch helle Scheiben ersetzt und die mittlerweile vermauerten Fenster des Vierungsturms wieder aufgebrochen. Die Fresken wurden rosafarben übermalt, viele alte Altäre durch moderne barocke ersetzt.
Auf der Westempore wurde ein reich gegliederter raumgreifender Orgelprospekt aufgebaut. Der Außenputz wurde erneuert und einfarbig bemalt. Der mittelalterliche Hochaltar, ein auf vier Säulen ruhender Ziborienaltar wurde durch einen spätbarocken Retabelaltar ersetzt. Zwei prächtige Rokokoaltäre dieser Zeit, die ehedem an den westlichen Vierungspfeilern ihren Standpunkt hatten, befinden sich heute in der Pfarrkirche St. Johannes in Elz.
Das mittelalterliche Stifterdenkmal von Konrad Kurzbold wurde damals aus der Vierung entfernt und befindet sich heute nach oftmaligem Standortwechsel im nördlichen Querhaus. Um 1870 erhielt der Innenraum im Stil des frühen Klassizismus eine weiß-graue Fassung.

1822/1827 wurde die Stiftskirche im Zuge der Bistumsgründung zum Dom erhoben. Änderungen der Ausstattungen vor allem im Chorbereich folgten, da jetzt die liturgischen Bedürfnisse einer Bischofskirche berücksichtigt werden mussten. Eine durchgreifende Restaurierung in den 1870er-Jahren erbrachte die Wiederentdeckung der mittelalterlichen Fresken, die in den 1930er- sowie in den 1970/80er-Jahren restauriert wurden – ob immer zu ihrem Besten, sei dahingestellt.
Nach der politischen Vereinigung der Staaten Nassau und Preußen ließ der neue Landesherr 1871–1873 den Dom nach einem vom Historismus geprägten Konzept renovieren, nachdem 1863 und 1865 die beiden noch fehlenden Ecktürme des Südquerhauses entstanden waren. Entgegen dem Anspruch auf historische Treue wurde das komplette Mauerwerk freigelegt, um besser der Idee und dem Bild eines aus dem Fels herauswachsenden mittelalterlichen Doms zu entsprechen.

Auch die Renovierung des Dominnern folgte dem historistischen Konzept. Barockes wurde durch Neugotisches ersetzt, Wandmalereien wiederentdeckt, teilweise übermalt und ergänzt.
In den Jahren 1934 und 1935 folgten die nächsten Eingriffe. Die Übermalungen des 19. Jahrhunderts wurden wieder verändert und modernisiert. Im Chor wurden, ganz im Sinne des Jugendstils, Glasmalereien eingesetzt, die die Leuchtkraft der gotischen Fenster zu erreichen versuchten und der kräftigen Farbigkeit der Wandmalereien entsprachen.
1968–1972 erhielt der Dom aus konservatorischen Gründen einen neuen Außenputz, der wieder in der originalen, kräftigen, von einem dominanten Ziegelrot bestimmten Farbgebung ausgeführt wurde. Diese Farbfassung bestimmt bis heute das äußere Bild des Doms und steigert seine optische Wertigkeit.
Im Zuge dieser Restaurierungsarbeiten erfolgten auch Maßnahmen im Innern. Dazu gehörte die Verlegung eines neuen Fußbodenbelags, die Gestaltung des Hochaltarbereichs in der Vierung und außerdem die Ausstattung der Sakramentskapelle im nördlichen Seitenschiff sowie der Gruftkapelle im südlichen Querhaus. Ob die Neugestaltung einer Orgel 1978 auf der Westempore letztendlich als gelungen bezeichnet werden soll, ist fraglich, da ihr Aufbau große Teile der Westrosette verdeckt.
Rechtzeitig zur 750-Jahrfeier des Doms im Jahr 1985 erfolgte der Abschluss dieser Arbeiten.

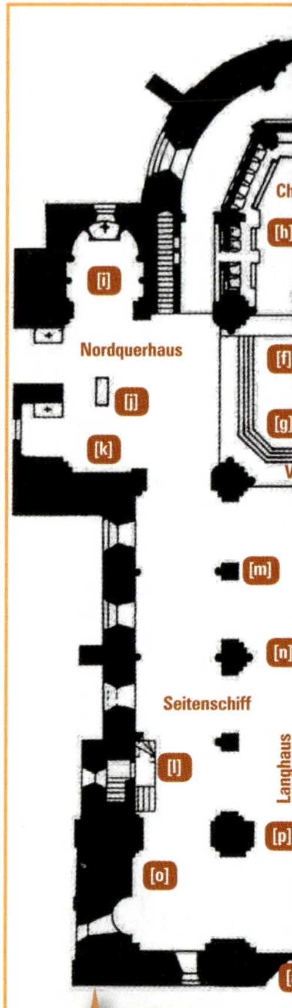

links: Blick aus dem Dom
oben: Grundriss

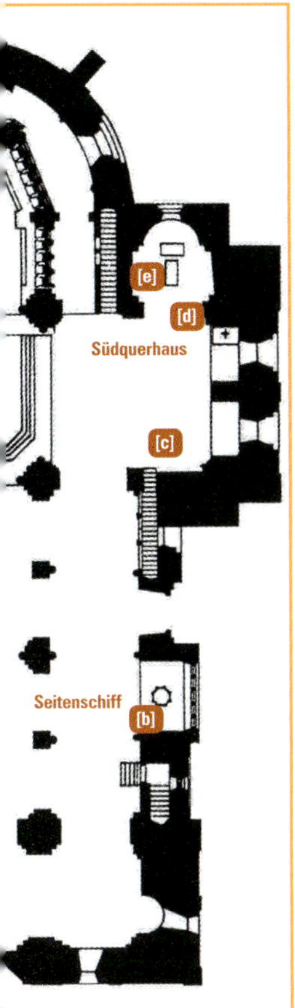

RUNDGANG

HAUPTPORTAL/WESTFASSADE

[a] Stifter- und Baumeisterfiguren Am reich mit Säulen und Kapitellen gestalteten und farblich gefassten Hauptportal finden sich zwei sitzende Figuren. Die rechte stellt entweder Konrad Kurzbold, den Gründer des Georgsstifts oder Graf Heinrich den Reichen von Nassau (1197–1247) dar, möglicherweise aber auch Heinrich von Isenburg (1179–1220). Die beiden letzteren regierten während der Erbauungszeit des Doms in Limburg. Die andere Figur, links vom Westportal, stellt vermutlich den Baumeister dar, der bis heute namentlich unbekannt blieb. Am Dachfirst der Westfassade befindet sich die im 19. Jahrhundert erneuerte Skulptur des Dompatrons, des hl. Georgs mit dem Drachen.
In großer Höhe sind am nördlichen Fassadenturm mehrere Fratzenköpfe angebracht, sie sollen das Böse von dieser Kirche abhalten.

Innenraum Betritt man den Dom, fällt zuerst die Enge und außerordentliche Vielfalt in der räumlichen Gliederung auf. Der Raum strebt schmal und steil nach oben, die durchbrochene Struktur der Mittelschiffswände gewährt Einblicke in die Emporen und Galerien des Gebäudes. Durch das umlaufende Emporengeschoss werden das Mittelschiff und der Chor indirekt beleuchtet und bieten je nach Sonnenstand ein sich veränderndes Spiel von Licht und Schatten. Die Raumverhältnisse erreichen die ungewöhnlichen Proportionen von 1:3 (Breite:Höhe) und im Vierungsturm verhält sich die Breite zu seiner Höhe sogar 1:4.

Im Innern symbolisiert der Dom das himmlische Jerusalem. Wie die Straße einer Stadt (Jerusalem) ist das Hauptschiff angeordnet. Seitenschiff und Emporen bilden gewissermaßen die mehrstöckigen Häuser mit ihren Eingängen und Fenstern. Die Ausmalungen der Wände erzählen biblische Geschichten. Der Grundriss schließlich bildet das Kreuz ab, der Altar befindet dabei im Zentrum, in der Vierung.
In einer Zeit, in der nur wenige Menschen das Lesen und Schreiben beherrschten, mussten farbige und aussagekräftige Bilder helfen, die Botschaften der Heiligen Schrift zu veranschaulichen. Trotz der vielen erfolgten Restaurierungen, die vom heutigen Standpunkt gesehen eher negativ als positiv zu bewerten sind, ist dennoch viel von der mittelalterlichen ausdrucksstarken Bildfrömmigkeit erhalten geblieben.

So finden sich an den Pfeilern und Wänden des Erdgeschosses viele detailreiche Malereien, links und rechts vor der Vierung die Patrone Georg und Nikolaus. Hoch oben über der Vierung, die Pforte des Himmels symbolisierend, sind nochmals Georg und Nikolaus zu sehen. Sie begleiten Christus, den Richter über die Lebenden und die Toten.
Insgesamt verdienen die Abbildungen besondere Beachtung, da sie zu den umfangreichsten und besterhaltenen Beispielen der Kirchenmalerei des 13. Jahrhunderts in Deutschland gehören. Die neueren Forschungen gehen davon aus, dass die Gesamtausmalung des Limburger Doms bei der Altarweihe 1235 bereits fertiggestellt war.

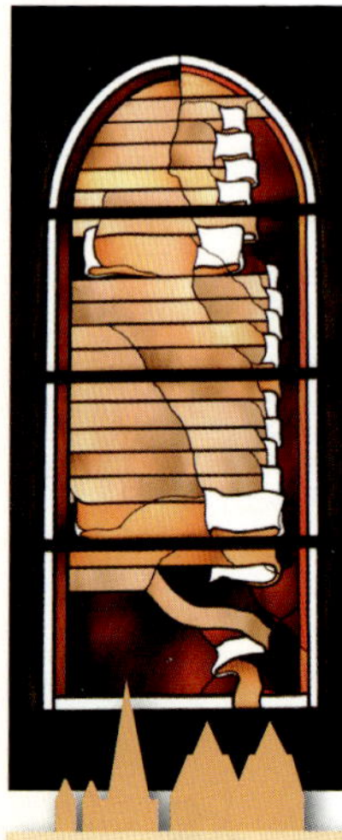

Glasmalerei in den Querhauskapelle von Prof. Johannes Schreiter

SEITENSCHIFF

[b] Taufstein Ursprünglich stand der noch aus der Erbauungszeit 1235 stammende Taufstein im südlichen Querhaus, das damals als Baptisterium, also als Taufraum diente. Sein jetziger Standpunkt ist die Erasmuskapelle am südlichen Seitenschiff. Inmitten einer schwer zu deutenden Fülle von allegorischen Figuren ist die Darstellung der Taufe Christi zu erkennen. Mit dem Taufstein besitzt der Dom eines der prachtvollsten Werke aus der Spätzeit der staufischen Bildhauerkunst. Das Werk ist wohl von derselben Hand geschaffen worden wie die Grabplatte von Konrad Kurzbold. Der Taufsteindeckel aus getriebenem Kupfer ist eine Arbeit des Limburger Künstlers Karl Matthäus Winter aus dem späten 20. Jahrhundert.

links: prachtvoller Taufstein aus der Erbauungszeit des Domes, der Deckel ist ein Werk von K. Winter (20. Jahrhundert)

SÜDQUERHAUS

[c] Wandmalerei Samson Im Südquerhaus versinnbildlichen alttestamentarische Gestalten die mit der Taufe verbundenen Verheißungen: Ein Samson, der Bäume ausreißt, soll wohl die von der Erbsünde befreiende Kraft der Taufe zeigen. Samson gilt als alttestamentarischer Vorläufer der Person Jesu Christi.

[d] Epitaph der Familie Mudersbach Es handelt sich um das bedeutendste mittelalterliche Epitaph im Limburger Dom. Das verstorbene Stifterehepaar ist im Gebet kniend vor einem Marien-Knabenbild dargestellt. Der künstlerische Rang dieser Bildhauerarbeit ist bemerkenswert. Epitaphien sind Grabdenkmäler in einer Kirche zur Erinnerung an Verstorbene. Diese müssen aber nicht zwingend an dieser Stelle beerdigt sein.

Wandmalerei Wurzel Jesse aus dem frühen 17. Jahrhundert

Namensplakette von Bischof Wilhelm Kempf an der Bischofsgruft

[e] Bischofsgruft Bis auf die beiden ersten Bischöfe Jacob Brand und Johann Wilhelm Bausch, die im Mittelschiff beigesetzt sind, und Bischof Johannes Christian Roos, der als späterer Erzbischof von Freiburg im dortigen Münster bestattet ist, sind nun alle Bischofsgräber in dieser neueren Gruft zusammengefasst. Die Verschlussplatte und der neue Altar über der Gruft stammen von Toni Schneider-Manzell, die Glasmalereien von Prof. Johannes Schreiter.

VIERUNG

[f] Majestas Domini Über dem Hochaltar, an der Ostwand der Vierung, ist die zentrale Darstellung der Gesamtausmalung zu sehen. In älteren romanischen Kirchen befindet sie sich meist in der Apsis: Der thronende Christus als der Weltenrichter, links und rechts erscheinen die beiden Kirchenpatrone, der hl. Bischof Nikolaus und der hl. St. Georg.

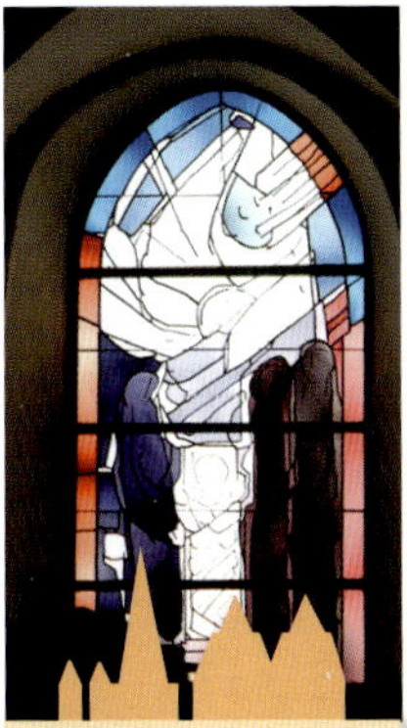

Geburt Christi, Chorfenster von Hubert Spierling (1994)

[g] Spätgotisches Hängekreuz Um 1500. Die Herkunft ist unbekannt. Es gehört zu den Beständen des Diözesanmuseums. Die Darstellung Christi betont nachdrücklich sein Leiden und Sterben am Kreuz. Gleichzeitig ist das Kreuz aber auch Hoffnung und Siegeszeichen der Auferstehung.

Mittelschiff, östliches Gewölbe: die Erzengel Gabriel und Michael mit den vier Paradiesflüssen Euphrat, Tigris, Geon, Phison

CHOR

[h] Glasmalereien im Ostchor Im Zuge der letzten Gesamtrestaurierung war die Neugestaltung der Glasfenster geplant, die aber leider nur teilweise ausgeführt wurde. Die vier Fenster auf der Nord- und Südseite zeigen Endzeitengel, sie stammen von Georg Meistermann (1987). Die drei Fenster im Chorschluss behandeln christologische Themen und sind von Hubert Spierling (1992) entworfen.

NORQUERHAUS

Madonna auf der Mondsichel auf einer Altarmensa aus dem Jahr 1235

[i] Madonna auf der Mondsichel Bei dieser barocken Madonnafigur aus dem 18. Jahrhundert handelt es sich um eine Mainzer Bildhauerarbeit. Sie steht vor einem modernen Fenster von Johannes Schreiter und auf der einzigen mittelalterlichen Altarmensa (1235), die sich aus der Bauzeit des Doms erhalten hat.

[j] Grabmal des Stiftsgründers Konrad Kurzbold Sechs figurengeschmückte Säulen, vier Kleriker sowie ein Bär und ein Löwe (als Symbolfiguren von Kraft und Mut) aus dem 11. Jahrhundert bilden die Stützen für eine Grabplatte aus dem 13. Jahrhundert. Der Gründer des Georgsstifts von 910, Konrad Kurzbold, ist hier dargestellt. Er trägt staufische Hoftracht. Der Kopf ist nach Westen gewandt, sein Blick geht bei der Auferstehung am Jüngsten Tag nach Osten, dem wiederkehrenden Christus und dem Paradies entgegen.

[k] Wurzel Jesse Diese Wandmalerei entstand im ausgehenden Mittelalter und wurde im frühen 17. Jahrhundert erneuert, die beiden schwarzgekleideten Stifterfiguren knien links und rechts unten. Behandelt werden zwei genealogische Themen, die gerade in der Spätgotik, einem bürgerlichen Zeitalter, sehr beliebt waren. Die Wurzel Jesse im oberen Bereich stellt den alttestamentlichen Stammbaum Jesu vor, die Heilige Sippe im unteren Bereich erzählt die familiären und verwandtschaftlichen Verhältnisse Jesu und seiner Mutter Maria.

SEITENSCHIFF

[l] Sakramentskapelle Diese Kapelle ist durch ein Gitter abgetrennt und dient als Ort für stille Andachten.

LANGHAUS

Das kurze Langhaus erreicht im laternenartigen Vierungsturm eine lichte Höhe von 34 Metern.

[m] Spätgotisches Sakramentshaus An der Südseite des Langhauses befindet sich dieses Werk aus dem Jahr 1496. Es hat eine Höhe von 9,3 Metern und wurde 1628 umfassend restauriert. Unter dem aufsteigenden Baldachin befinden sich die Figuren der hl. Maria sowie der Heiligen Georg und Nikolaus. Die Figuren der vier Evangelisten wurden erst 1875 hinzugefügt.

[n] Grabplatten In der Gangmitte des Langhauses befinden sich die Grabplatten der beiden ersten Limburger Bischöfe Jacob Brand (1827–1833) und Johann Wilhelm Bausch (1835–1840).

[o] Epitaph des Kanonikus J. Hepp mit der neutestamentlichen Darstellung der „wunderbaren Brotvermehrung" (1599).

WESTEMPORE

Hier wird der viergeschossige Wandaufriss zugunsten einer Zweigeschossigkeit unterbrochen. Teils verdeckt von der Orgel, ist von der der großen Westrose leider nur der obere Teil zu sehen.

ZAHLEN-DATEN-FAKTEN Gegründet 1822, errichtet 1827, ist das Bistum eines der jüngeren römisch-katholischen Bistümer in Deutschland. Es erstreckt sich über eine Fläche von ca. 6000 Quadratkilometern in den Bundesländern Hessen und Rheinland-Pfalz und liegt damit in einer dicht besiedelten und wirtschaftlich hoch entwickelten Region Deutschlands. Insgesamt leben in dem Bistum 2,4 Millionen Menschen, davon sind 680.400 Katholiken. Mittelpunkt ist der fast 800 Jahre alte Georgsdom in Limburg. Das Bistum gliedert sich in die elf Bezirke Frankfurt am Main, Wiesbaden, Hochtaunus, Main-Taunus, Untertaunus, Rheingau, Rhein-Lahn, Limburg, Lahn-Dill-Eder, Westerwald, Wetzlar und umfasst derzeit 341 Kirchengemeinden. Ungefähr 300 Geistliche sowie ca. 330 Laien betreuen die hier lebenden Gläubigen.

GESCHICHTE Die Geschichte des Bistums beginnt mit dem Zusammenbruch der weltlichen und kirchlichen Machtstrukturen im damaligen Europa als Folge der Französischen Revolution. In der Säkularisation, der Verweltlichung der geistlichen Güter im Jahr 1803, wird durch den Reichsdeputationshauptschluss festgelegt, dass die rechtsrheinischen Gebiete der alten geistlichen Kurfürstentümer Mainz und Trier den nassauischen Herzogtümern (Dillenburg, Weilburg und Usingen) zugeschlagen werden sollen.

Diese vereinigen sich dann 1806 zum Herzogtum Nassau mit dem Regierungssitz in Wiesbaden. Die katholische Kirche wird der Aufsicht der evangelischen Landesherren unterstellt. Zusammen mit der freien Reichsstadt Frankfurt betreibt das Herzogtum den Plan, ein eigenes katholisches Landesbistum zu errichten.

Warum nun wurde ein verhältnismäßig kleines Städtchen an der Lahn für den Bischofssitz ausgewählt? Vier wichtige Gründe ließen Limburg als idealen Standort erscheinen. Zunächst die zentrale Lage innerhalb des Bistums, dann die verkehrsgünstige Position an wichtigen Handelsstraßen und drittens besaß die Stadt eine alte Stiftskirche, die als Domkirche geeignet schien. Nicht zuletzt kam als vierter Grund ein machtpolitischer hinzu: der Herzog von Nassau wollte bei allem aufgeklärtem Denken den neuen katholischen Bischofssitz nicht in seiner protestantischen Residenzstadt Wiesbaden angesiedelt wissen, Limburg lag daher weit genug entfernt.

Erster Bischof des Bistums Limburg wurde Jacob Brand, eher die Wahl der Staatsregierung als die der Kirche. Er regierte ein Bistum, in dem die Katholiken stark verstreut in einer religiösen Mischlandschaft lebten. Ein Grund, der auch das Bistum Limburg nur sehr langsam zusammenwachsen ließ.

Während der Zeit des Nationalsozialismus wurde auch die Katholische Kirche von den damaligen Machthabern bedrängt. Viele Menschen im Bistum, Geistliche und Laien, leisteten Widerstand. Bischof Antonius Hilfrich protestierte scharf gegen die Ermordung geistig behinderter Menschen in der Heilanstalt Hadamar. (↪ *S. 121*) Sein Nachfolger Ferdinand Dirichs, während der NS-Zeit Jugendpfarrer, galt als eine der treibenden Kräfte des Klerus im Widerstand gegen den Nationalsozialismus.

[p] Klais-Orgel Einbau im Jahr 1978. In der Spätgotik gab es eine Schwalbennestorgel an der nördlichen Hochwand des Mittelschiffs, die im 18. Jahrhundert von einer großen Barockorgel an der Westempore abgelöst wurde. An der gleichen Stelle wurde die heute bestehende Orgel der Firma Klais eingebaut.

Klaisorgel auf der Westempore mit Rosette

Domgeläut Das Domgeläut besteht aus neun Glocken. Sieben davon bilden das Hauptgeläut, das im Nordturm untergebracht ist. Dessen größte und kleinste Glocken, gegossen 1906 von der Glockengießerei Petit & Gebr. Edelbrock (Gescher) konnten vor den Zerstörungen im Zweiten Weltkrieg gerettet werden. Im Jahr 1949 kamen die restlichen fünf Glocken dazu. Die heutige, selten anzutreffende Disposition einer fast durchgehenden äolischen Tonleiter ist in zahlreichen wirkungsvollen Kombinationen einsetzbar. Im Südturm hängen noch zwei alte Glocken, die erst 1986 wieder läutbar gemacht wurden. Die größere, genannt „Sterm" (Sturmglocke), ist eine zier- und inschriftlose Zuckerhutglocke, um die Zeit von 1200 bis 1250 gegossen. Jeden Freitag um 15 Uhr erinnert sie an die Todesstunde Jesu. Die kleinere Uhrglocke (gegossen 1447) hing früher im obersten Fenster des Südturms und war nicht läutbar. Heute wird sie als Taufglocke genutzt. Das volle Geläut aller neun Glocken erklingt ausschließlich zum Pontifikalamt am Ostersonntag. Das große siebenstimmige Plen ist für Weihnachten, die Epiphanie, das Gloria an Gründonnerstag und in der Osternacht, für Pfingsten, das Georgsfest, für das Domkirchweihfest und die Primizfeiern bestimmt.
Mehr Infos über die Glockengießerei: www.petit-edelbrock.de

Detailansicht: Grabmal des Stiftsgründers Konrad Kurzbold

RUND UM DEN DOM

[q] St. Michaelskapelle

Die St. Michaelskapelle wurde 1250 errichtet und 1359 bereits als Ge-

St. Michaelskapelle

beinhaus (Karner) erwähnt. 1835 gelangte sie in den Besitz der Stadt und wurde nach einem Brand 1853 als Wohnung für den Totengräber, zusammen mit einem Leichenzimmer, wiederhergestellt. Wie häufig bei dieser Art Kapelle, ist sie zweigeschossig gebaut.

Kreuzigungsgruppe von Arnold Hensler

Im Erdgeschoss befindet sich eine Friedhofskapelle, während im unteren Raum die Gebeine aufbewahrt wurden, auch hier findet sich ein Altar. Die Karner waren Sammelstellen für die Gebeine aus den Friedhöfen, um dort Platz für weitere Bestattungen zu schaffen, teilweise spielten auch religiöse Gründe bei der Errichtung eine Rolle.
Christliche Beinhäuser sind oft dem hl. Michael geweiht, der als Seelenbegleiter gilt.
Die meisten, so auch das Limburger Beinhaus, sind nicht mehr in ihrer ursprünglichen Nutzung. Die Limburger Kapelle wurde 2003/2004 umfangreich und sorgfältig restauriert und dient heute dem Domkapitel als Tagungs- und Empfangsraum.

[r] Domherren-Friedhof

An der Nordseite des Doms befindet sich der Friedhof für die Domherren. Er wurde 1836 nach dem Abbruch von Gebäuden, die zum Kreuzgang gehörten, hier eingerichtet. Die Kreuzigungsgruppe ist vom Bildhauer Arnold Hensler 1932 geschaffen, und gilt als dessen wichtigstes Werk und gleichzeitig als gutes Beispiel moderner Bildhauerkunst.

[s] Ausblick vom Domberg

Ein paar Schritte weiter, direkt am Felsabsturz, befindet sich einer der schönsten Aussichtspunkte von Limburg. Am Ende der Brüstung hat man einen herrlichen Ausblick auf die Lahn sowie auf die Höhen des Taunus und Westerwalds.

[t] Limburger Schloss

Rechts hinter dem Dom liegt das mächtige Limburger Schloss, ein Zeichen für die wirtschaftliche Kraft der Stadt im Mittelalter, wobei das Bauwerk immer mehr als Dienst- und weniger als Wohngebäude genutzt wurde. Einige Bereiche der Anlage stammen aus dem 12. Jahrhundert, aber bereits seit der Merowingerzeit, also um 800 n. Chr., hat es auf dem hohen Felsen über der Lahn eine Burganlage gegeben, vor allem, um den Lahnübergang zu sichern. Im 10. Jahrhundert gehörte die Anlage den Konradinern, war also bei der Gründung des Stifts durch Konrad Kurzbold im Jahr 910 bereits vorhanden, denn das Stift wurde innerhalb der Feste „Lintburc" angesiedelt. Bis ins 13. Jahrhundert diente es auch als Wohnsitz für die geistlichen Mitglieder des Chorherren-Stifts.
Danach erfolgte der schlossähnliche Ausbau des östlichen Teils der Burganlage, während der restliche Teil den Burgmannen (von den Burgherren ernannte Adlige, die für die Bewachung und Verteidigung verpflichtet wurden) als Wohnsitz diente. Nach den Konradinern gehörte das Schloss

nacheinander dem Haus Isenburg, Kurtrier, den Grafen von Leiningen und 1802 schließlich dem Herzogtum Nassau. 1866 fiel es an Preußen und stand überwiegend leer. Lediglich die Gewerbeschule war bis zum großen Schlossbrand im Jahr 1929 dort untergebracht. Der Wiederaufbau erfolgte unmittelbar danach in den Jahren 1934–35.
Nach dem Zweiten Weltkrieg übernahm das Land Hessen die gesamte Anlage. In der Petruskapelle und den angrenzenden Räumen war von 1905 bis 1976 das Diözesanmuseum des Bistums Limburg untergebracht. 1995 gründete sich ein Förderverein, der die Anlage durch eine Stiftung sanieren

oben: ehemalige Bibliothek im Schlossanbau
links: Limburger Schloss

will. Im Jahr 2000 erwarb die Stadt Limburg die Schlossanlage zu einem symbolischen Preis von 1 DM.
Mittlerweile ist im Südflügel das Stadtarchiv beheimatet, außerdem haben die portugiesische und die italienische Gemeinde hier ihre Treffpunkte. Einer der Pläne für die Zukunft ist es, das Schloss u. a. als „Haus der Limburger Geschichte" zu nutzen.

Die Anlage Die vielen Gebäudeteile des Schlosses entstanden in verschiedenen Zeitepochen. Sie umgeben einen nach Norden zur Lahn hin offenen Hof. Wie das Schloss im frühen Mittelalter aussah, lässt sich nicht mehr rekonstruieren.
Der nördliche Trakt der Anlage, der sogenannte Renaissancebau, wurde ungefähr 1600 errichtet. Über dem Unterbau aus Steinen entstand ein rotbalkiger Fachwerkbau mit fränkischen Erkern und geschweiften Giebeln. Davor steht ein achteckiger, mit Schiefer verkleideter Treppenturm mit einer hölzernen Wendeltreppe. Am Eingang des Erdgeschosses befand bis etwa 1900 der Schlossbrunnen.
Der Wohnturm mit einer Grundfläche von 11 x 10,5 Metern wurde unter Gerlach I. errichtet. Er besteht aus drei Geschossen sowie einem Gewölbekeller. Im Erdgeschoss befindet sich ein einstmals repräsentativer Saal mit einem neunteiligen Gratgewölbe (in der Spätgotik als Gratgewölbe oder

Schloss und Dom

Rippengewölbe ausgeführtes Ziergewölbe) und im ersten Obergeschoss ein schlicht ausgebauter zweiter Saal. Das heutige Dach stammt aus dem Jahr 1652.

Südlich schließt sich die Kapelle St. Peter an, die im 11. Jahrhundert errichtet und später weiter ausgebaut wurde. Sie ist der älteste Teil der Anlage. Ihr rustikaler Gesamteindruck entsteht durch die unverputzten Wände. Im Osten steht ein Altarstein, erwähnenswert sind das dreiteilige gotische Maßwerkfenster, Ornamentmalereien in der Apsis und ein frühgotisches, um 1300 entstandenes Wandgemälde an der Nordwand, das den hl. Christophorus darstellt. Die untere Hälfte ist vermutlich infolge eines später vorgenommenen Mauerdurchbruchs zerstört worden. 1534 wurde über der Kapelle ein Wohnbau errichtet.

Der separat zugängliche Südtrakt beherbergt im Erdgeschoss das Stadtarchiv, darüber erhebt sich ebenfalls ein großer Saalbau, der nach 1379 erbaut wurde. Ungewöhnlich sind hier die auffälligen Maße des Saales von 29 x 7,2 Metern, der von einem riesigen Kamin aus der Spätgotik be-

rechts: Renaissancebau des Schlosses, errichtet ca. 1660

herrscht wird. Die südliche Wand wird von fünf Fenstern in Rundbogennischen mit steinernen Kreuzstöcken und Hohlprofilen durchbrochen.

Die Südseite des Hofs wird von einem Vorbau aus Stein geschlossen, auf dem eine Fachwerkkonstruktion mit einem zum Hof hin offenen Laubengang gebaut wurde, eine Rekonstruktion des 1929 abgebrannten gotischen Saalbaus.

Ursprünglich befand sich an dieser Stelle wohl eine Vorburg mit mehreren Burgmannenhäusern. Im Westen verschließt eine große Toranlage den Hof, nördlich liegt ein Wohnhaus mit Walmdach aus dem Jahr 1720 an. Es diente lange Zeit Kurtrier als Kellereigebäude und beherbergt heute die Sakristeien des Doms. Der angrenzende Garten an der offenen Nordseite des Hofs hin zur Lahn wurde im 19. Jahrhundert angelegt. Um 1780 stand dort unter zwei Linden ein Sommerhäuschen. Zu dieser Zeit existierte vor dem Tor noch ein Graben mit einer Brücke. Im Innenhof befinden sich mehrere

Grabsteine kurtrierischer Verwaltungsbeamter und Stiftsgeistlicher. Aufzeichnungen des Chronisten Johann Mechtel zufolge ist die gesamte Anlage wohl von einer Schildmauer umgeben gewesen (als Schildmauer wird die höchste und stärkste Burgmauer bezeichnet, sie sicherte die Hauptangriffsseite ab). Als einziger Zugang diente das „Eulentor", das 1569 abgerissen wurde. Von Schildmauer und Türmen sind heute nur noch geringe Reste zu sehen. Wann diese abgerissen wurden, lässt sich nicht mehr genau ermitteln. In weiteren Abständen waren zusätzlich zwei niedrigere Mauern um Stift, Burg und Teile der Altstadt gezogen, deren Bruchstücke heute noch an manchen Stellen zu sehen sind.

[u] Domfriedhof

Der vor der Westseite des Doms liegende Platz (heute: Domplatz) bis hin zur Michaelskapelle wurde in der Zeit zwischen 1350–1500 bereits als Friedhof genutzt. Ein anderer Teil des freien Platzes war damals mit

Burgmannenhöfen bebaut. Der Domfriedhof wurde 1833 erweitert und noch bis 1880 belegt. Er enthält eine Anzahl alter, sehenswerter Gräber bedeutender Limburger Familien. Der zurückverlegte Haupteingang wurde nach der Umgestaltung des Domplatzes Mitte der 1960er-Jahre unter Verwendung der Pfeiler und des schmiedeeisernen Tores gestaltet. Das reich mit Ornamenten ausgestaltete, in vielen Elementen erneuerte Tor war früher ein Teil des Chorgitters der ehemaligen Franziskanerkirche, der heutigen Stadtkirche.

[v] Alte Scholasterei (Domplatz 5)

Ein Burgmannenhof aus dem Jahr 1292. Erbaut auf noch älteren Mauern, liegt er im sogenannten „Burgfrieden" und gehörte damit zur Burg. Ursprünglich Eigentum der Herren von Limburg, wurde er nach deren Aussterben vom Trierer Kurfürsten als Lehen vergeben. 1429 erhielt die Scholasterei des Stifts St. Georg das gesamte Anwesen und war nachfolgend für fast vierhundert Jahre die Wohnung des jeweiligen Leiters der Stiftsschule. Seit 1803 in Privatbesitz, 1984 aufwändig saniert und teilweise rekonstruiert.

Domfriedhof mit dem Grab der Kaufmannsfamilie Cahensly links: Eingang zum Domfriedhof

[w] Alte Domvikarie (Domplatz 7)

Erbaut 1515. Ein Vorgängerbau wurde urkundlich bereits im Jahr 1287 erwähnt. Den Frontgiebel ziert ein Erker mit Pfosten, seitlich ist ein achteckiger Treppenturm im Jahr 1522 angebaut worden. 1428 gelangte der Besitz in die Hände der Familie Staffel, nach der er auch benannt ist, 1903 dann in

den Besitz des Bistums Limburg. 1979–1980 Sanierung des Hauses. Nach umfangreichen Baumaßnahmen gehört es heute zum Sitz des Bischofs von Limburg. Bei den Ausgrabungen im Rahmen der Baumaßnahmen wurden 2009 archäologische Funde aus vorchristlicher Zeit gemacht.

[x] Das Diözesanmuseum (Domstr. 12)

Anschrift und Öffnungszeiten
Domstr. 12 • 65549 Limburg • Tel. +49(0)6431-584720-0
dioezesanmuseum@bistumlimburg.de • www.staurothek.de
Geöffnet 15. März bis 15. November:
Di–Sa: 10–13 Uhr und 14–17 Uhr • So und Feiertage: 11–17 Uhr
montags geschlossen
In der Zeit vom 16. November bis 14. März ist ein Besuch nur nach vorheriger Vereinbarung möglich.

GESCHICHTE

1985 bekamen der Limburger Domschatz und die weiteren Bestände des Diözesanmuseums erstmals ein eigenes Gebäude, das „Leyensche Haus". Die Hofanlage selbst ist ein Burgmannenhaus und liegt im ursprünglichen Burgbereich. Entstanden im 16.–18. Jahrhundert, war es Sitz des kurtrierischen Kellerers. Mit hoher Wahrscheinlichkeit stand an dieser Stelle bereits vor 1200 ein Bauwerk, denn bei Grabungen 1984 gefundene Mauerreste datieren in diese Zeit. Urkundlich wird das Anwesen erstmals 1370 erwähnt. Der Hauptbau, das heutige Museum, ein massiver Sockelbau, wurde 1544 errichtet. Das darüber liegende Fachwerkgeschoss mit dem Dach stammt dagegen aus dem 18. Jahrhundert. 1869 kaufte das Bistum die Anlage als Wohnhaus für Domherren. 1985 erfuhr der Burgmannenhof eine umfassende Restaurierung. Das Erscheinungsbild der Anlage blieb weitgehend unverändert.

Im Hof des Museums befindet sich der sogenannte Samson-Brunnen, der anlässlich der 750-Jahrfeier des Doms im Jahr 1985 vom Architekten Wilhelm Jungherz entworfen und von der Firma Engelbert Müller aus Villmar ausgeführt wurde.
Mit der Eröffnung des Diözesanmuseums 1985 entstand ein Ausstellungsbereich in drei Stockwerken. Der Domschatz wird in einem Tresorraum im Untergeschoss gezeigt. Die Dauerausstellung des Museums ist im 1. Stock untergebracht. Zudem steht im Erdgeschoss ein Raum für Sonderausstellungen zur Verfügung. Das Haus beherbergt heute eine der bedeutendsten Sammlungen sakraler Kunst in Mitteldeutschland. Wertvollstes Stück der Dauerausstellung ist die „Dernbacher Beweinung", eine Figurengruppe aus der Zeit des sogenannten Weichen Stils um 1400. Den Domschatz dominiert die Staurothek, ein byzantinisches Kreuzreliquiar des 10. Jahrhunderts. Ihr Name steht sinnbildlich für das gesamte Museum auf dem Domberg.

DOMSCHATZ

Das Untergeschoss besteht aus zwei Schatzkammerräumen. Der dort untergebrachte Domschatz setzt sich aus Geräten für den gottesdienstlichen Gebrauch zusammen, aus liturgischen Büchern und Gewändern, Reliquiaren sowie bischöflichen Insignien wie Stab und Mitra. Manche der Exponate zählen zu bedeutendsten Werken der rheinischen Goldschmiedekunst. Außerdem enthält der Domschatz liturgische Objekte aus der ehemaligen Stiftskirche St. Georg und Nikolaus (dem jetzigen Dom), weiterhin Insignien verschiedener Limburger Bischöfe. Im Zuge der Säkularisation 1803 gingen die Schätze des geistlichen Kurfürstentums Trier an die Herzöge von Nassau. Bei der Errichtung des Bistums 1827 und in den folgenden Jahren gelangten sie dann nach Limburg.

STAUROTHEK Den Mittelpunkt des Domschatzes bildet die berühmte Staurothek aus dem 10. Jahrhundert, die mehrere Holzpartikel vom Kreuze Christi birgt. Die Staurothek besteht aus drei Teilen: dem Reliquienkreuz, der Lade und dem Schubdeckel. Es handelt sich dabei ohne Zweifel um das weltweit bedeutendste Goldschmiedereliquiar byzantinischer Herkunft. Der Begriff Staurothek stammt aus dem Griechischen und ist abgeleitet von „staurós" (Kreuz) und „théke" (Kiste, Behältnis). Einer Inschrift der Kreuzfassung zufolge wurde diese von den byzantinischen Kaisern Konstantin VII. und Romanos II. gestiftet. Die Doppelherrschaft dieser beiden Regenten in Konstantinopel währte von 945 bis 959. Die Staurothek selbst war ein Geschenk des Kaisersohns Basileios und dürfte in den Jahren 964/965 entstanden sein.

Während des 4. Kreuzzugs fiel die Staurothek in den Besitz des Ritters Heinrich von Ulmen aus der Eifel, der das Beutestück nach Deutschland brachte und es dem Augustinernonnenkloster Stuben bei Bremm an der Mosel schenkte. Nach der Auflösung des Klosters ging das Stück an das Erzbistum Trier und bei der Säkularisation 1803 an die Fürsten von Nassau-Weilburg über. Es wurde auf die Festung Ehrenbreitstein gebracht und schließlich 1835 vom Hause Nassau dem neugegründeten Bistum Limburg geschenkt.

Heute ist die 48 Zentimeter hohe, 34 Zentimeter breite und 6 Zentimeter tiefe Staurothek das bekannteste Ausstellungsstück des Domschatzes. Die ornamentalen und figuralen Darstellungen, äußerst exakt ausgeführte, wertvollste Emaillearbeiten, sind ungewöhnlich detailreich und farbig. In der Mitte des Deckels ist eine große Deesis (griechisch „Bitte") abgebildet, die Darstellung des thronenden Christus zwischen der fürbittenden hl. Maria und Johannes dem Täufer, begleitet von den Erzengeln Michael und Gabriel. Die Engel tragen byzantinische Hoftracht, während Christus, Maria und Johannes in kaiserlichem Purpur gekleidet sind. Dieses zentrale Bild wird von Ornamentleisten gerahmt, in die Medaillons von Heiligen eingefügt sind. Die mit Silberblech verkleidete Lade zeigt auf ihrer Rückseite

Die Staurothek, bekanntestes Ausstellungstück im Diözesanmuseum

ein auf einem Treppensockel stehendes Kreuz. Aus dem Fuß des Kreuzes wächst eine Akanthusranke und bildet so das Symbol des Lebensbaumes. Im Inneren der Lade befindet sich eine Vertiefung für ein doppelbalkiges Patriarchenkreuz, das aus sieben Holzpartikeln vom Kreuz Christi zusammengefügt ist. Es ist umgeben von zehn Feldern mit der Darstellung von Seraphim- und Cherubim-Engeln, die jeweils kleine Behälter mit Marien-, Johannes- und Christusreliquen verschließen.

PETRUSSTABRELIQUIAR Einen weiteren Höhepunkt des Domschatzes stellt das Petrusstabreliquiar dar. Die 980 in der Werkstatt des Trierer Erzbischofs Egbert entstandene Arbeit ist ein sogenanntes „redendes Reliquiar", dessen äußere Form also auf die Reliquie im Inneren hinweist. Mit 175 Zentimeter Höhe hat es die Form eines Langzepters und besteht aus einem hohlen, mit Goldblech beschlagenen Holzschaft, dem goldenen Halsring und einem goldenen, kugelförmigen Knauf. Perlen, Edelsteine und Emaillebilder schmücken den oberen Teil des Stabes.

rechts: Petrusstabreliquiar, um 980

Eine Legende besagt, dass der Apostel Petrus in seinem Amt als Papst die drei Männer Eucharius, Valerius und Maternus als Missionare über die Alpen gesandt hat. Unterwegs starb jedoch Maternus. Dem nach Rom zurückgekehrten Eucharius übergab Petrus seinen Bischofsstab, womit er Maternus wieder zum Leben erweckte. Die drei Missionare wurden die ersten Bischöfe von Trier. Maternus gründete später das Bistum Köln.
Im 10. Jahrhundert wurde die Stabreliquie geteilt. Die eine Hälfte kam in den Besitz der Kölner Erzbischöfe. Das andere Stück blieb in Trier. In der Werkstatt des Erzbischofs Egbert entstand dann im Jahr 980 die kostbare Hülle, die heute im Diözesanmuseum Limburg gezeigt wird. Das Petrusstabreliquiar wurde wahrscheinlich nicht in herkömmlicher Weise als Bischofsstab verwendet, sondern eher als ein Zeichen hochmittelalterlicher Herrscherlegitimation der Trierer Erzbischöfe. Den Weg von Trier nach Limburg fand das Petrusstabreliquiar auf dieselbe Weise wie die Staurothek, nämlich über die Herzöge von Nassau.

WEIHERELIQUIAR Aufgrund seiner Form und des Materials ist es sicher eines der interessantesten Stücke des Museums. Es hat die Gestalt eines Kirchengebäudes und ist aus Blei gegossen. An das Langhaus, dessen Dach von einer Laterne bekrönt wird, schließt sich an der einen Schmalseite eine halbrunde Apsis an. Die andere Schmalseite ist offen. Getragen wird das Reliquiar von vier Füßen, die als Löwenköpfe mit Tatzen gearbeitet sind.

Das Weihereliquiar, 1776 beim Abbruch des mittelaltelterlichen Hochaltars in der Limburger Stiftskirche vorgefunden, enthielt der christlichen Tradition folgend Überreste von Märtyrern und Heiligen.

MITRA PRETIOSA Ein weiteres äußerst prunkvolles Stück in der Schatzkammer ist die von Christian und Cornelius Schweling sowie Peter Boy d. Ä. in Köln und Frankfurt gestaltete liturgische Bischofsmütze. Entstanden zwischen 1674 bis 1691, ist sie mit verschiedenfarbigen und -formatigen Edelsteinrosetten verziert, umgeben von farbig emaillierten, mit einer Vielzahl von Brillanten geschmückten goldenen Ranken.
Zusammen mit einem Bischofsstab und einem Vortragekreuz bildet die Mitra eine Dreiergruppe von erzbischöflichen Pontifikalinsignien aus dem Besitz des ehemaligen Kurtrier. Stifter und Auftraggeber ist der Erzbischof Karl Caspar von der Leyen und für die Mitra sein Nachfolger Johann Hugo von Orsbeck. Die drei Exponate standen nicht in liturgischer Verwendung, sondern wurden wie die Petrusstabreliquie bei bestimmten Pontifikalgottesdiensten präsent gehalten.

Georgsstab des Goldschmiedes Wilhelm Rauscher für Bischof Dominikus Willi, 1899

DIÖZESANMUSEUM 1. STOCK

Das Diözesanmuseum zeigt in seinen Dauerausstellungen sakrale Kunstwerke und Glaubenszeugnisse aus zwölf Jahrhunderten. Gleichzeitig bietet die Sammlung einen Überblick zu Themen der Bistumsgeschichte und des Limburger Doms.
In den Museumsbeständen finden sich u. a. Bilder von Hans Holbein d. Ä., eine Lederkasel (liturgische Bekleidung) des Spätbarocks, eine spätgotische Kusstafel (Bezeichnung für kleine Täfelchen oder Behälter aus Edelmetall, Holz oder Elfenbein), die meist mit Darstellungen aus der Heilsgeschichte

geschmückt sind. Mit ihr wird von einem Geistlichen der vor der Kommunion übliche liturgische Friedenskuss an die Gläubigen weitergegeben.

DERNBACHER BEWEINUNG Dieses wertvollste Ausstellungsstück des Diözesanmuseums, eine figürliche Terrakottagruppe, stammt aus der Zeit

Dernbacher Beweinung, Terrakottagruppe, um 1420

des „Weichen Stils" um 1420. Der ausgestreckte Leichnam Christi liegt auf einem Bahrtuch unter dem Kreuz. Das Haupt ruht im Schoß der auf dem Boden kauernden Maria. Zusammen mit dem Apostel Johannes beweint sie den soeben verstorbenen Gottessohn. Links steht der betende Josef von Arimathia, rechts der trauernde Nikodemus. Den Hintergrund bilden drei hohe Kreuze. An den beiden äußeren hängen die Schächer, die mit Christus zusammen hingerichtet wurden.

Charakteristisch für den „Weichen Stil" sind die naturalistische Darstellung von Details, die Oberflächengenauigkeit sowie die Individualisierung der Figuren. Dem steht eine Stilisierung und Ornamentalisierung der Formen gegenüber, wie etwa der weich fließenden Gewandstoffe.

ANTEPENDIUM Ein Antependium (von lat.: ante = vor und pendere = hängen) ist eine reich verzierte Verkleidung aus Edelmetall oder Stoff vor oder an den Seiten des Stipes (Altarunterbau). Gebräuchlich sind diese Verkleidungen seit dem 4. Jahrhundert. Der im Museum ausgestellte Vorhang stammt aus Oberlahnstein und zeigt Maria in einem prächtig blühenden, ummauerten Garten. Der Verkündigungsengel bläst auf einem Jagdhorn das Ave Maria. An der Leine führt er vier Tugendhunde mit den Namen Gerechtigkeit, Barmherzigkeit, Wahrheit und Friede, die Symbol für den göttlichen Ratschluss sind. Die Hunde jagen ein Einhorn, Symbol für Christus, das sich in den Schoß Mariens flüchtet.

HL. GEORG ZU PFERDE Eine Figurengruppe, die vermutlich aus der Wallfahrtskirche St. Georg, der sogenannten „Bergerkirche" bei Niederbrechen, stammt. Der hl. Georg ist der Patron des Bistums Limburg.

Echt scharf!
und Partner
Ruster
Druckerei

Der Pallottiner-Orden in Limburg

Der Orden wurde 1835 von Vinzenz Pallotti in Rom gegründet. Die religiöse Männergemeinschaft ist ein zentraler Teil einer viel größeren Vision des Gründers: der Vereinigung des Katholischen Apostolats (Unio), in der sich Männer und Frauen, Laien und Geweihte zusammenschließen, um „die Werke der Liebe und Barmherzigkeit zu fördern" (Vinzenz Pallotti).
Die der Armut und Ehelosigkeit verpflichtete Gemeinschaft begann im Jahr 1890 mit der Missionierung der deutschen Kolonie Kamerun. Um Nachwuchs für diese Aufgabe zu finden, gründeten zwei Pallottiner im Herbst 1890 im Walderdorffer Hof die Limburger Niederlassung des Ordens. Bereits 1896–98 wurde das heutige Missionshaus an der Wiesbadener Straße gebaut und 1927 dann, nach den Plänen von Prof. Jan Hubert Pinand, die sehenswerte Kirche St. Marien. Sie ist heute Mittelpunkt einer Pfarrei von 4800 Katholiken.

Das Missionshaus beherbergte in seiner Geschichte viele unterschiedliche Einrichtungen und Eigenbetriebe. Neben einer theologischen Hochschule, einem Landwirtschaftsbetrieb, Gärtnereien, Druckerei und einem Verlag war es während des Zweiten Weltkriegs sogar zeitweise Sitz der Gestapo. Heute hat die Gemeinschaft noch 2500 Mitglieder. Neben der Tätigkeit in der Pfarrei sind die Limburger Pallottiner noch in der Flughafenseelsorge in Frankfurt tätig.
↪ *www.pallottiner.org*

Die Pallottinerinnen in Limburg

Die Gemeinschaft der Pallottinerinnen wurde 1838 ebenfalls von Vinzenz Pallotti in Rom gegründet. Sie sollten wie die Pallottiner die Missionierung in Kamerun betreiben. 1895 kamen die ersten Ordensschwestern nach Limburg und wohnten anfangs in einem Mietshaus, das bald zu klein wurde. Der Walderdorffer Hof wurde zu ihrer nächsten Heimat und schließlich bauten sie das Kloster Marienborn an der Weilburger Straße. Limburg entwickelte sich zum Ausgangspunkt ihrer Tätigkeit im In- und Ausland.
Auch nachdem die Schwestern aus Kamerun ausgewiesen wurden, blieb die Missionierung ein Schwerpunkt der Gemeinschaft. Von Limburg aus gingen sie nach Afrika, Südamerika, in die USA und in viele weitere Länder. Heute sind die Pallottinerinnen eine internationale Ordensgemeinschaft, die in achtzehn Ländern der Erde vertreten ist. Tätigkeitsschwerpunkte liegen im Bereich der Seelsorge, Bildung und Erziehung sowie der Medizin und Pflege. Das Kloster Marienborn beherbergt außerdem ein Exerzitien- und Bildungshaus, das ein umfangreiches Programm in den Bereichen Bildung, Gesundheit und Sozialwesen anbietet.
↪ *www.pallottinnerinnen.de und www.exerzitien-bildungshaus-limburg.de*

Innenansicht Pallottinerkirche

Weitere Orden in Limburg:
Franziskaner 1232–1813
Beginen 1246–1438
Wilhelmiten 1289–1568
Zisterzienser 1320–1802
Beginen-Franziskanerinnen 1339–1817
Barmherzige Schwestern vom heiligen Vinzenz v. Paul 1850–1990
Barmherzige Brüder von Montabaur 1861–1967
Arme Dienstmägde Christi 1883–heute
Pallottiner SAC 1890–heute
Pallottinerinnen SAC 1895–heute
Heilig-Geist-Schwestern Heppelstift 1952–2003
Franziskanerinnen/Domschwestern 1989–heute
Nazareth-Schwestern im St.-Vincenz-Krankenhaus 1991–heute

Pallottinerkloster

Eine rege und vielfältige Kulturszene kennzeichnen Limburg und seine Umgebung. Neben renommierten Kunstpreisen, überregional wichtigen Ausstellungen und bekannten Museen sind es auch die Galerien, Künstlerzusammenschlüsse und nicht zuletzt die erstaunliche Zahl von Weltklassechören, Meisterkonzerten und Theaterabenden, die Limburgs Kulturszene ausmachen.

Limburger Veranstaltungskalender: *S. 154*
Mehr Kulturtipps: www.kultur-in-limburg.de

Museen • Sammlungen • Kunstzentrum

Kunstsammlungen der Stadt Limburg

Ende der 1970er-Jahre beschloss die Stadt Limburg, die musealen Bestände des ehemaligen Heimatmuseums und Kunstobjekte aus dem Rathaus zusammenzufassen, um sie der Öffentlichkeit zugänglich zu machen. Das Ziel war, kein Heimatmuseum, sondern ein Kunstmuseum aufzubauen. Das Historische Rathaus und ein angrenzendes Fachwerkhaus am Fischmarkt wurden dafür ausgewählt. Nach aufwändigen Sanierungs- und Baumaßnahmen konnten dann 1985 die Kunstsammlungen der Stadt Limburg eröffnet werden. Seitdem finden mehrmals im Jahr hochkarätige Ausstellungen zeitgenössischer Künstler aus dem In- und Ausland statt. Ergänzt werden sie durch die „Eigenen Sammlungen" der Stadt und einer Dauerpräsentation der Werke des weltbekannten Silhouettenkünstlers Ernst Moritz Engert. Ein Besuch ist unbedingt empfehlenswert!

Seit 1996 schreibt der Magistrat der Kreisstadt Limburg außerdem gemeinsam mit dem Förderkreis Bildende Kunst Limburg e. V. den „Kunstpreis der Stadt Limburg" bundesweit aus. Die Ausstellung des jeweiligen Preisträgers findet in der Regel im September und Oktober statt.

Fischmarkt 21/22 • 65549 Limburg • Tel. +49(0)6431-203-912
kulturamt@stadt.limburg.de • www.limburg.de
Mo 8.30–12 Uhr • Di 7–12 Uhr • Mi 8.30–14 Uhr • Do 8.30–12 Uhr und 14–18 Uhr • Fr 8.30–12 Uhr und 14–16 Uhr • Sa/So/Feiertage: 11–17 Uhr
Karfreitag/Karsamstag/Ostersonntag und Fronleichnam geschlossen

Diözesanmuseum mit Domschatz

Domstraße 12 • 65549 Limburg • Tel. +49(0)6431-584720-0 (Museum)
dioezesanmuseum@bistumlimburg.de • www.staurothek.de
Geöffnet 15. März bis 15. November: Di–Sa: 10–13 Uhr und 14–17 Uhr
So/Feiertage: 11–17 Uhr • montags geschlossen
In der Zeit vom 16. November bis 14. März ist ein Besuch nur nach vorheriger Vereinbarung möglich. *S. 65*

„Frauen am Strand", Ölgemälde von Josef Eberz, 1917

Adam Wolf „Alte Lahnbrücke mit Brückenturm", Ölgemälde 1955
copyright: Heribert Wolf / fotostudio karl, Limburg

Engert mit einem seiner geliebten Papageien
Atelieraufnahme von Ernst Moritz Engert, Fotografie

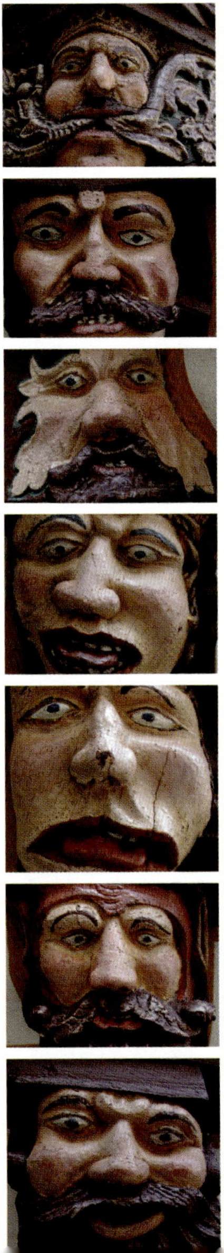

Ausblick

Museum „Mechanikum Limburg"

Kurz vor Redaktionsschluss sind noch die Weichen für ein neues, attraktives Museum gestellt worden. Im Zuge des weiteren Ausbaus der WERKStadt soll das „Mechanikum Limburg" entstehen. Die Eröffnung ist spätestens für 2013 geplant. Unter dem Motto „Mechanik spielerisch erleben und erlernen" werden Besucher interaktiven Zugang zum Thema Mechanik bekommen. Auf 1700 Quadratmetern Ausstellungsfläche sollen Experimente und Erlebnisse für die ganze Familie angeboten werden. Eine Sonderausstellung soll dem Thema Abbau und Verarbeitung des Lahnmarmors gewidmet werden. ↪ *www.limburg-entdecken.de*

Marinemuseum Limburg

Auf zwei Etagen präsentiert die Marinekameradschaft Limburg im Katzenturm, einem alten Wehrturm, Bilder und maßstabsgetreue Modelle von Schiffen, unter anderem von dem Windjammer „Gorch Fock" und dem Schlachtschiff „Bismarck". Daneben werden Marineuniformen, eine Galionsfigur und Informationen über europäische Leuchttürme präsentiert.
Am Katzenturm • 65549 Limburg • Tel. +49(0)6431-71681
Geöffnet jeden 1. und 3. Sonntag im Monat
geschlossen vom 1.11.–30.04. • Führungen nach Vereinbarung

Missionsmuseum der Pallottiner in Limburg

Im Kreuzgang zwischen der Pallottinerkirche St. Marien und dem Missionshaus zeigen die Pallottiner, wo und wie sie ihren auswärtigen Missionsauftrag erfüllen. Das Museum verschafft einen Überblick über das Leben von Vinzenz Pallotti (1795–1850) und dessen Gründungsidee. Vitrinen mit Objekten, Wandtafeln mit Texten und Fotos informieren über die Geschichte der pallottinischen Mission und die heutige Lage der Kirche in den drei klassischen Missionsgebieten Kamerun, Südafrika und Australien.
Wiesbadener Str. 1 • 65549 Limburg • Tel. +49(0)6431-4010
info@pallottiner.org • www.pallottiner.org
Geöffnet täglich 9–18 Uhr • Führungen nach Vereinbarung

Haus der sieben Laster

Winzig kleines privates Museum mit sakraler Kunst im berühmten „Haus der sieben Laster" aus dem Jahr 1567 (↪ *S. 27*). Die Eigentümerin präsentiert und verkauft in diesem Museum ihre über viele Jahre hinweg gesammelten Werke.
Brückengasse 9 • 65549 Limburg • Tel. +49(0)6431-2198947
hausdersiebenlaster@gmx.de • www.haus-der-sieben-laster.de
Mo 14–18 Uhr • Di–Fr 11–18 Uhr • Sa 11–14 Uhr
Ostern bis Weihnachten auch sonntags von 13–18 Uhr

Bilder von oben nach unten:
Hoffahrt • Neid • Trägheit • Unmäßigkeit • Unkeuschheit • Zorn • Geiz

Lahnartists e. V.

Im Frühjahr 2000 fanden sich ca. fünfzig Künstlerinnen und Künstler der Region zu einer gemeinsamen Ausstellung zusammen. Viele Ideen wurden ausgetauscht und geboren. Ein Jahr später wurde Lahnartists gegründet, um die besten Ideen umsetzen und weiterentwickeln zu können. Beheimatet ist der Verein in der ehemaligen Elektrowerkstatt des Bundesbahnausbesserungswerks. Großes Angebot an Malkursen!
Schaumburger Str. 17 • 65549 Limburg • Tel. +49(0)177-2064830
info@lahnartists.de • www.lahnartists.de
Kurse und Öffnungszeiten auf Anfrage

Galerien

Galerie auf der Treppe

Galerie mit einem breiten Angebot an Künstlern und großem Internetshop. Die Inhaberin berät kompetent und rahmt gekonnt.
Fleischgasse 2 • 65549 Limburg • Tel. +49(0)6431-24360
leutheuser@galerie-auf-der-treppe.de • www.galerie-auf-der-treppe.de
Mo–Fr 10–18 Uhr • Sa 10–14 Uhr

Moonart

Kleine Galerie und Atelier des Limburger Künstlers Michael Karst. Der Künstler ist in der Regel anwesend. Angebot an Malkursen.
Domstr. 4 • 65549 Limburg • Tel. +49(0)162-2653012
moonart@gmx.de • www.michaelkarst.de
Kurse und Termine nach Absprache
Sa 11.30–16 Uhr • So 14–17 Uhr

Kulturveranstalter

Josef-Kohlmaier-Halle (Stadthalle Limburg)

Rock, Pop, Comedy und Großveranstaltungen
Die Josef-Kohlmaier-Halle ist das kulturelle Zentrum der Stadt. Viel Platz zum Feiern, Tanzen, Tagen, Treffen und Veranstalten. Bis zu 2200 Plätze. Fast das ganze Jahr über finden in der Limburger Stadthalle hochkarätige Veranstaltungen der Extraklasse statt. Das Programm der Stadthalle bietet neben internationalen Topveranstaltungen auch bekannte Musicals, Theater und Klassikkonzerte.
Hospitalstr. 4 • 65549 Limburg • Tel. +49(0)6431-98060
info@stadthalle-limburg.de • www.stadthalle-limburg.de

von oben nach unten
Bild 1: Mosaik an der Lahn, Lahnartists 2006
Bild 2: Außenansicht Josef-Kohlmaier-Halle
Bild 3: Foyer
Bild 4: Großer Saal

Ticketzentrale:

Bahnhofsplatz 2 • 65549 Limburg • Tel. +49(0)6431-980619
Mo–Fr 9–18 Uhr • Sa 10–14 Uhr
Ticket-Online-Verkauf 24 h: www.stadthalle-limburg.de

Seit über 30 Jahren ist die Kleinkunstbühne THING e.V. ein fester Bestandteil der Limburger Kulturszene. Von Januar bis Mai und September bis Dezember stehen hier die Kleinen und Großen der Kleinkunst auf der Bühne und begeistern Jung und Alt.

In ca. 25 Veranstaltungen pro Jahr präsentiert das **THING** seinem Publikum aus nah und fern einen bunten Mix aus Kabarett, Comedy, Jazz, A-Capella, Rock, Pop, Folk, Blues, Travestie, Liedermacher und Kindertheater.

Die Idee für eine Kleinkunstbühne wurde Anfang 1979 geboren. Am Stammtisch einer urigen Kneipe entstand das **THING** (Versammlungsort) – für bekannte und unbekannte (Kleinkunst)-Künstler mit einem Programm zum Anfassen, Mitmachen und Zuhören für Limburg und die Region. Und bereits am 29. September 1979 startete das **THING** seine erste Spielsaison.

Mehr über das **THING**, Mitgliedschaft, Spielplan und Tickets online, erfahren Sie im Internet unter **www.thing-ev.de** oder bei den Kartenvorverkaufsstellen.

Travestie-Show im Thing mit Ham & Egg, Mai 2010

Kartenvorverkaufsstellen:

Ticket Zentrale	**Buchhandlung Meckel**
Bahnhofsplatz 2	**Parkstraße 1**
(Alte Bahnmeisterei)	
65549 Limburg / Lahn	**65549 Limburg / Lahn**
Telefon: 06431-980619	**Telefon: 06431-24011**

Wir freuen uns auf Sie!

THING

Kleinkunstbühne **THING** e. V.
Josef-Kohlmaier-Halle, Clubebene
Hospitalstraße 4, 65549 Limburg / Lahn

Kulturvereinigung Limburg e. V.

Der rührige Verein veranstaltet seit 1946 eine qualitativ äußerst hochwertige Reihe von klassischen Meisterkonzerten, Theaterabende mit führenden Tourneebühnen und weitere Veranstaltungen für junge Künstler und Senioren. Die meisten Veranstaltungen finden in der Stadthalle Limburg statt.
Bahnhofsplatz 2 • 65549 Limburg • Tel. +49(0)6431-203230
kulturvereinigung@stadt.limburg.de • www.kulturvereinigung-limburg.de
Ticket-Online-Verkauf 24 h: www.stadthalle-limburg.de

Mark Gillespie im Thing

Kleinkunstbühne Thing e. V.

Renommierte Kleinkunstbühne mit einem bemerkenswerten Programm. Und das seit über 25 Jahren! Die Veranstaltungen finden in der Stadthalle Limburg statt.
Hospitalstr. 4 • 65549 Limburg • info@thing-ev.de • www.thing-ev.de
Ticket-Online-Verkauf 24 h: www.stadthalle-limburg.de

Dieter Thomas
Sterne der Heimat

STERNE DER HEIMAT

Die kreative, künstlerische Power der Limburger Region wird hier in unregelmäßigem Abstand in einer zweistündigen großen Unterhaltungsshow präsentiert. Außergewöhnliche Veranstaltungsreihe und unbedingt zu empfehlen! Tel. +49(0)6431-2880172
post@sternederheimat.de • www.sternederheimat.de

Blick in die
WERKStadt-Lounge

WERKStadt-Lounge

Schicke Veranstaltungsräumlichkeiten, in denen in loser Reihenfolge Veranstaltungen mit klassischer Musik, Klassik-Cross-over-Konzerten junger Nachwuchskünstler, Chören, außergewöhnlichen Ensembles, Kunst, Design und Literatur stattfinden. WERKStadt-Talk, der monatlich Prominente zu den verschiedensten Themen der Zeit in die Lounge bringt.
WERKStadt Limburg
Bahnhofsplatz 2 • 65549 Limburg • Tel. +49(0)176-70045182
info@werkstadtlounge.de • www.werkstadtlounge.de

herz service, Promidinner mit
Stimmenimitator Bernd

herz service

Veranstaltungsdienstleistung und Live-Marketing, Kulturspaziergang oder Wein-Lyrik-Wanderungen als Incentive, Erlebnisgastronomie, dazu die passenden Künstler und Konzepte. Hochzeiten/Familienfeste und die schönsten Locations in unserer Region. Foto- und Filmservice, Kinderprogramme.
Ulrike Herz • Tel. +49(0)178-2853353
info@herz-service.de • www.herz-service.de

Weingeistreich

„Lauschen und berauschen" ist das Motto der Weinkennerin Nicole Mössmer und ihrer Agentur. Sie veranstaltet lyrische Weinproben und bringt dabei Gelesenes und Erlesenes aus Weinkeller und Bibliothek auf den Tisch. „Paris. Ein weinseliger Streifzug durch Pariser Literatur & Bistros", „Ein Gruß

Gelesenes und Erlesenes aus Weinkeller und Bibliothek.
Ein Schluck Wein, ein literarischer Happen – zusammen mit guten Freunden genossen.
Eine Idee für Ihren Geburtstag? Oder als Ausklang Ihres Stadtrundgangs?

Literarische Weinproben

www.weingeistreich.de

Information und Buchung:
Weingeistreich
»Lauschen und berauschen«
Nicole Mössmer
E-Mail: nic@weingeistreich.de
Tel. (0 64 31) 21 11 75

---

herz service

Incentive-Event-Tagung-Tourist in Limburg und Umgebung?

WANDERN SIE MIT UNS!

Meditative Wanderungen – lauschen, staunen, hören, fühlen

Wein-Wanderungen mit lyrischer Weinprobe

Kulturspaziergänge – Künstler aus der Region an historischen und kulinarischen Stätten

Eventberatung, Künstler und Konzepte, Hochzeiten und Kinderprogramm (z. B. das Limburger Puppentheater), Erlebnisgastronomie (z. B. Promi-Dinner mit Parodist und Stimmenimitator Bernd Schmitt).

www.herz-service.de | email: info@herz-service.de | Tel. 06431 598717

aus dem Romanischen Café. Weinprobe mit Lyrik aus dem Berlin der goldenen 20er", „Sera Fina. Ein feiner Abend mit Wein & Poesie aus Italien" und „A Roma! Eine literarische und kulinarische Liebeserklärung an die Ewige Stadt" sind nur einige Beispiele ihrer kreativen Arbeit.
Nicole Mössmer • Tel. +49(0)6431-211175
nic@weingeistreich.de • www.weingeistreich.de

Nicole Mössmer bei einer ihrer lyrischen Weinproben

himmelgrün – IHRE EREIGNISAGENTUR

Agentur für Ereignisse, Besonderes und Verrücktes. himmelgrün inszeniert ungewohnte und spannende Begegnungen, Workshops, Lesungen, Firmenveranstaltungen, Kochabende, Stadtführungen, Konferenzen, Konzerte und vieles mehr.
Bussardweg 4 • 65606 Villmar • Tel. +49(0)6431-4930186
info@himmelgruen-ereignisse.de • www.himmelgruen-ereignisse.de

Altes Eishaus bei Piano Demmer

In unregelmäßigen Abständen werden im Alten Eishaus interessante Konzerte veranstaltet. Von Klassik bis Modern. Außerdem spielen talentierte Schüler der Musikschulen an diesem außergewöhnlichen Ort in der alten Brauerei.
Frankfurter Str. 47 • 65549 Limburg • Tel. +49(0)6431-8770
info@demmer-piano.de • www.demmer-piano.de

Musik in Limburg

Limburger Domsingknaben – einer der bekanntesten Knabenchöre Deutschlands ➦ *www.limburger-domsingknaben.de* / ***Limburger Domchor*** – renommierter Chor am Hohen Dom zu Limburg ➦ *www.limburger-domchor.de* / ***Limburger Mädchenkantorei*** – bekannter Mädchenchor am Hohen Dom zu Limburg ➦ *www.maedchenkantorei-limburg.de* / ***Cantabile Limburg*** – Männerchor der Extraklasse – ➦ *www.cantabile-limburg.de* / ***Camerata-Musica*** – preisgekröntes Männervokalensemble ➦ *www.camerata-musica.com* / ***Carpe Diem*** – einer der erfolgreichsten europäischen Frauenchöre ➦ *www.carpe-diem-limburg.de* / ***Cäcilia Lindenholzhausen*** – verschiedene bekannte, preisgekrönte Chöre – ➦ *www.caecilia.eu* / ***Harmonie Lindenholzhausen*** – verschiedene bekannte, preisgekrönte Chöre ➦ *www.harmonie-lindenholzhausen.de* / ***Plenty BRASS*** – großes und bekanntes Blechbläserensemble ➦ *www.plentybrass.de* / ***Deutsches Centrum für Chormusik*** – zentrale Sammlung von Chorliteratur und Notenausgaben ➦ *www.dcfc.de* / ***Kreismusikschule Limburg*** – riesiges Angebot an musikalischer Ausbildung – ➦ *www.kms-limburg.de*

Limburger Domchor

Der Frauenchor Carpe Diem

Weltmusik auf dem Apfelhof in Bärbach

Matthias Frey tanzt kulturell auf vielen Hochzeiten. Er ist Pianist und Komponist, Initiator von weltmusikalischen Ereignissen, macht seit Jahren Musik für Film und Fernsehen, organisiert internationale Musikevents und präsentiert außerdem Musiker von Weltrang auf seinem „Apfelhof" in Bärbach.
Apfelhof Bärbach • 56370 Schönborn • Tel. +49(0)6486-6653
info@matthias-frey.com • www.matthias-frey.com

Matthias Frey und Aziz Kuyateh

KREML Kulturhaus e. V.

Das KREML Kulturhaus befindet sich in Zollhaus, nahe Limburg. Seit Dezember 1997 gibt es in unmittelbarer Nachbarschaft zum idyllisch gelegenen Rad- und Wanderweg R 36 ein Kulturcafé mit Biergarten, ein Programmkino und Räumlichkeiten für Musik, Kinder-, Jugend- und Erwachsenenbildung, Literatur, Kleinkunst sowie Ausstellungen. Auf dem Außengelände befindet sich ein naturnaher Spiel- und Begegnungsraum mit integrierter Bühne.
Burgschwalbacher Str. 8 • 65623 Hahnstätten (Zollhaus)
Tel. +49 (0)6430-929724
info@kreml-kulturhaus.de • www.kreml-kulturhaus.de

Amthof-Galerie in Bad Camberg

Amthof-Galerie Bad Camberg

Eine aus einem Künstlerstammtisch 1978 entstandene Galerie, die seit 1981 im ehemaligen Rentmeistergebäude des Amthofes untergebracht ist. Die Amthof-Galerie bietet über das Jahr verteilt Ausstellungen, Werkstattgespräche, Studienfahrten, Workshops, Infoabende und Wettbewerbe zu den unterschiedlichsten Themen an.
Rentmeistergebäude • Amthof 13 • 65520 Bad Camberg
Tel. +49(0)6434-7569
plus-design-media@nexgo.de • www.amthof-galerie.de
Geöffnet an Sonn- und Feiertagen von 11–13 Uhr und 15–17 Uhr

Weilburger Schloss

Schloss Oranienstein

Gleichzeitig mit dem Besuch der Galerie bietet sich ein Bummel durch die hübsche Altstadt von Bad Camberg an, die geprägt ist von schmucken Fachwerkhäusern und altehrwürdigen Höfen und Plätzen.
↪ www.bad-camberg.de

Lahntal Musikfestival
Herausragende Opernaufführungen an historischen Stätten im Lahntal (Limburger Dom • Schloss Oranienstein, Diez • Schloss Weilburg u. v. m.).
↪ www.operaclassica.de

Weilburger Schlosskonzerte
Seit der Gründung 1972 ein musikkulturelles Festival mit hohem künstlerischen Niveau.
↪ *www.weilburger-schlosskonzerte.de*

Oraniensteiner Konzerte
Renommierte Künstlerinnen und Künstler aus dem Bereich E-Musik im Schloss Oranienstein.
↪ www.oraniensteiner-konzerte.de

Alle Termine des Limburger Veranstaltungskalenders S. 154

Einkaufstrubel in Limburg

EINKAUFEN IN LIMBURG.DE

In der quirligen Altstadt findet man eine große Anzahl von originellen Fachgeschäften der verschiedensten Branchen. Es lohnt sich auf alle Fälle, einen ausgiebigen Bummel durch die interessanten Geschäfte zu machen. Viele haben in der Zeit von Ostern bis Weihnachten auch sonntags ab 13 Uhr geöffnet.

Das zweite Zentrum für Einkäufe ist die Fußgängerzone, sie zieht sich vom Neumarkt und der Bahnhofstr. weiter zur Werner-Senger-Str. und bietet, wie in allen größeren Städten, das breite Spektrum der bekannten Filialisten. Karstadt, H&M, C&A, Thalia, New Yorker, Douglas und viele mehr sind hier beheimatet und bieten entsprechende Einkaufserlebnisse.

Ein neuer Standort für Einkäufe hat sich auf dem ehemaligen Gelände des Bahnausbesserungswerks am Bahnhof etabliert. In einem sorgfältig restaurierten Industriedenkmal findet man Fachgeschäfte aller Art, dazu große Lebensmitteldiscounter und -märkte. ↪ *S. 92*

Natürlich können im Rahmen eines Reiseführers bei Weitem nicht alle Geschäfte aufgeführt werden. Viele weitere interessante Läden in der Alt- und Innenstadt lassen sich bei einem ausgiebigen Bummel entdecken.

Mehr Einkaufstipps: www.einkaufen-in-limburg.de

Bücher & Karten

Buchhandlung Witzelsburger

Traditionsreiche Buchhandlung mit fachkundiger Beratung und großer Auswahl.
WERKStadt Limburg
Josef-Schneider-Str. 1 • 65549 Limburg • Tel: +49(0)6431-6644
buchhandlung.witzelsburger@t-online.de • www.buchhandlung-limburg.de
Mo–Fr 9–20 Uhr • Sa 9–18 Uhr

Thalia

Großes Medienkaufhaus der bekannten Kette mit umfassendem Angebot an Büchern auf zwei Etagen und 850 Quadratmetern. Cafébar vorhanden.
Neumarkt 3–5 • 65549 Limburg • Tel: +49(0)6431-59040
thalia.limburg@thalia.de • www.thalia.de
Mo–Fr 9–19 Uhr • Sa 9–18 Uhr

Dies & Das

Stupor Mundi

Mittelalter-Laden mit den Genusswaren des Mittelalters sowie eine exklusive Gewandschneiderei.
Salzgasse 25 • 65549 Limburg • Tel. +49(0)177-8452312
kirvoncoelln@web.de • www.hagen-von-coelln.de
Mo–Fr 10–18 Uhr • Sa 10–16 Uhr • So 13–18 Uhr
(von Ostern bis Weihnachten)

Spa & Hamam
Seifenladen

Reine, handgemachte Seifen im wunderschönen Seifenladen und Anwendungen wie Aroma-Massage, Hamam-Anwendungen, Hautpflege, Ayurveda.
Salzgasse 13 • 65549 Limburg • Tel: +49(0)6431-5906887
www.spa-hamam.de
Mo–Sa 10–18 Uhr • So 13–18 Uhr (von Ostern bis Weihnachten)

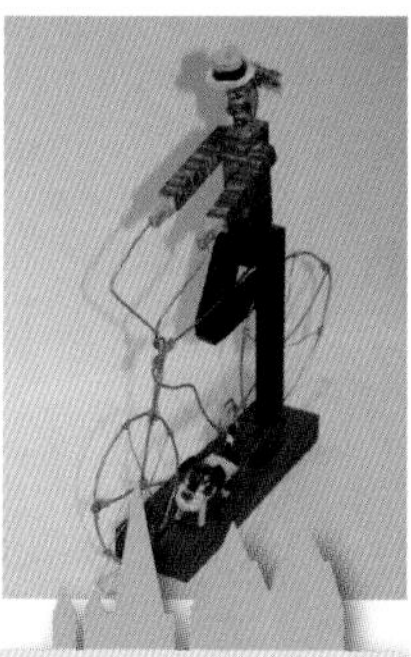

Objekt von Walter W. Leutheuser
Galerie auf der Treppe

Galerien

Galerie auf der Treppe

Galerie mit einem breiten Angebot an Künstlern und großem Internetshop. Die Inhaberin berät kompetent und rahmt gekonnt.
Fleischgasse 2 • 65549 Limburg • Tel: +49(0)6431-24360
leutheuser@galerie-auf-der-treppe.de • www.galerie-auf-der-treppe.de
Mo–Fr von 10–18 Uhr • Sa 10–14 Uhr

KunstWERK 2
Neben einem Geschäft in der Hospitalstr. 3 gibt es auch in der WERKStadt eine Filiale mit außergewöhnlichen Bildern, Accessoires und Rahmen.
WERKStadt Limburg
Hospitalstr. 3 und Joseph-Schneider-Str. 1 • 65549 Limburg
Tel: +49(0)6431-288909
info@ute-wengenroth.de • www.ute-wengenroth.de
Mo–Fr 10–18 Uhr • Sa 10–16 Uhr

Geschenkartikel und Kunsthandwerk

Teeparadies Limburg: Geschmack – Genuss – LebensArt
Die Inhaberin des sehr hübsch eingerichteten Tee- und Geschenkeladens hat ein feines Gespür für Besonderes, Trendiges und Außergewöhnliches. Altstadtbummler kommen um diesen Laden nicht herum.
Fischmarkt 6 • 65549 Limburg • Tel: +49(0)6431-22588
verkauf@teeparadies-limburg.de • www.teeparadies-limburg.de
Mo–Sa 10–18 Uhr • So 13–18 Uhr (von Ostern bis Weihnachten)

Teeparadies Limburg

Zauberhaft
Originelle Geschenke, schönes Wohnen und stilvolles Dekorieren bietet dieser wunderschöne Laden. Objektkunst.
Fleischgasse 5 • 65549 Limburg • Tel: +49(0)6431-5909502
lenerz@online.de • www.zauberhaft-limburg.de
Mo–Fr 10–18 Uhr • Sa 10–16 Uhr • So 14–17 Uhr (von Ostern bis Weihnachten)

Ansichtssachen
Schmuck und originelle Wohnaccessoires
Salzgasse 10 • 65549 Limburg • Tel: +49(0)6431-590497
Mo–Fr 10–18 Uhr • Sa 10–16 Uhr • So 13–18 Uhr
(von Ostern bis Weihnachten)

„Blitzidee" von Sylke Lenerz, „Zauberhaft"

Deluxe Florales
Wunderbare und außergewöhnliche Trockengestecke und Schnittblumen für alle Gelegenheiten.
Kornmarkt 1/Fleischgasse • 65549 Limburg • Tel: +49(0)6431-5840854
www.deluxe-florales.de
Mo–Fr 9.30–18 Uhr • Sa 8.30–14 Uhr

Kulinarisches

Bäckerei Hensler
Traditionelle Bäckerei in der Altstadt, in der nach Familientradition Brot, Brötchen und außergewöhnliche Figuren aus Lebkuchenteig gebacken werden aber auch der Kunst gefrönt wird. Das Haus ist leicht zu erkennen,

Figur des Limburger Säckers, hergestellt von der Bäckerei Hensler

rechts: Elisabeth und Friedrich Hensler mit Lehrlingen (1926)

da Kunstwerke die Häuserfassade zieren. Der 2008 verstorbene Bäckermeister Hensler senior hat sie eigenhändig hergestellt. Mit diesem Kunsthandwerk hat auch eine besondere Spezialität des Hauses zu tun. Seine Mehlbrötchen nannte der bekannte Bäckermeister „Belgische Brocken", weil sie ihn an die Schleifsteine für seine Werkzeuge erinnerten, die aus diesem Felsgestein hergestellt werden. Oft kopiert, aber nie erreicht, sind diese Brötchen mittlerweile Kult in Limburg und werden am liebsten mit einem Schaumkuss gegessen. Heute führen seine Frau und sein Sohn die Bäckerei fort.

Kolpingstr. 1 • 65549 Limburg • Tel: +49(0)6431-3596
ihensler@t-online.de • www.baeckerei-hensler.de
Mo–Fr 7–18.30 Uhr • Sa 7–15 Uhr

Traditionsbäckerei Huth seit 1828

Bäckerei Huth

„Natürlich gut!" ist der Slogan der traditionsreichen Bäckerei.
Slow baking - d. h. Backwaren-Herstellung nach alter Bäckertradition mit ausgesuchten, natürlichen Zutaten und ohne Fertigmischungen.
Vielfach preisgekröntes Sortiment.
Werner-Senger-Str. 9 und Bahnhofsplatz 1 (sowie weitere Filialen)
65549 Limburg • Tel: +49(0)6431-3396 und 282818
info@baeckerei-huth.de • www.baeckerei-huth.de
Mo–So 7–18 Uhr

Omas Kuchen von der Bäckerei Huth

„Pizza" vom Bärentreff-Laden

Bärentreff
Über hundert Sorten Fruchtgummis in verschiedenen Farben, Formen und Geschmacksrichtungen.
Plötze 13–15 • 65549 Limburg • Tel: +49(0)6431-932452
limburg@baeren-treff.de • www.baeren-treff.de
Mo–Sa 10–18 Uhr • So 12–18 Uhr (von Ostern bis Weihnachten)

Das Schokoladenhaus

Das Schokoladenhaus
Rendezvous mit Schokolade. Feines Schokoladenhaus mit einer großen Auswahl ausgefallener Tafelschokoladen, Pralinen u. v. m. Ein „Muss" für alle Schokoladenfans!
Fischmarkt 18 • 19 65549 Limburg • Tel: +49(0)6431-5848881
eva@schokoladenhaus-limburg.de • www.schokoladenhaus-limburg.de
Di–Sa 11–18 Uhr • So 13–18 Uhr (von Ostern bis Weihnachten)

Flohmarkt in Limburg

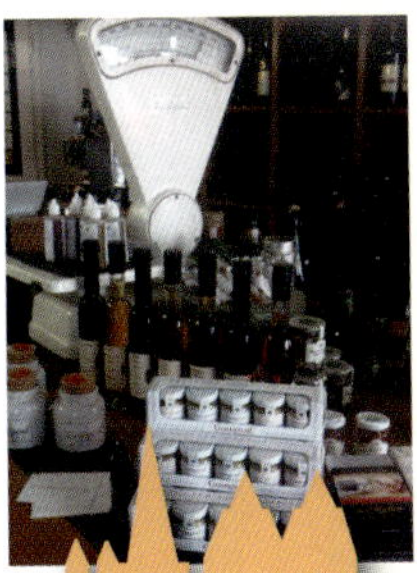

Weine und Gewürze im Muscat

Muscat
Exzellente Weine und sehr gute Beratung, eine große Gewürzauswahl sowie allerbesten Georgssenf bietet der kleine Laden auf dem Weg zum Dom.
Domstr. 2 • 65549 Limburg • Tel: +49(0)6431-2759637
service@weinonline.biz • www.weinonline.biz
Mi–Fr 11–18 Uhr • Sa 10–14 Uhr

Villa Vinum
Feine Weine und kleine Sünden. Große Gewürzauswahl und andere Delikatessen. Kompetente Beratung.
Grabenstr. 54 • 65549 Limburg • Tel: +49(0)6431-211788
limburg@villavinum.de • limburg.villavinum.de
Mo–Do 10–18.30 Uhr • Fr 10–19.00 Uhr • Sa 9.30–15 Uhr

Weinhandlung Eberhard

Traditionsweinhandlung am Rande der Altstadt. Großes Angebot an tollen Weinen aus aller Welt. Fachmännische Beratung.
Sackgasse 10 • 65549 Limburg • Tel: +49(0)6431-3489
info@weinhandlungeberhardt.de • www.weinhandlungeberhardt.de
Mo–Sa 9.30–18 Uhr • Sa 9–13.30 Uhr

oben: außergewöhnliche Becher und Kannen im Teeparadies
links: Blick ins Teeparadies am Fischmarkt

Tee und Kaffee

Teeparadies Limburg: Geschmack – Genuss – LebensArt

Ein Teeladen der besonderen Art. Man findet hier bis zu 250 Teesorten aus aller Welt. Sehr kompetente und persönliche Beratung. Außergewöhnliche Accessoires runden das Sortiment ab. Ein Besuch lohnt sich in jedem Fall, allein schon wegen des herrlichen Dufts im Laden! Großer Internetshop!
Fischmarkt 6 • 65549 Limburg • Tel: +49(0)6431-22588
verkauf@teeparadies-limburg.de • www.teeparadies-limburg.de
Mo–Sa 10–18 Uhr • So 13–18 Uhr (von Ostern bis Weihnachten)

Fare Tredici Caffè Espresso Studio

Kleine italienische Espressobar mit exquisiten Caffès und exclusiven Maschinen. Italienische Snacks und Süßigkeiten. Außenplätze.
Neumarkt 8-10 • 65549 Limburg • Tel: +49(0)6431-217542
simi73@freenet.de • www.f13caffe.de
Mo–Fr 9–18.30 Uhr • Sa 9–18 Uhr

Fare Tredici auf dem Neumarkt

Die WERKStadt – Einkaufen im Industriedenkmal

Das ehemalige Betriebswerk der Bahn gilt als bemerkens- und erhaltenswertes Industriedenkmal und ist ein Zeitzeuge der Geschichte des Eisenbahnbaus. Das Werk wurde 1862 gegründet und wuchs in mehreren Bauphasen bis zum Jahr 1930 auf die heutige Größe an. Lediglich der Hochbunker auf dem Gelände entstand erst 1941 (↪ *S. 94*). Über viele Jahre hinweg war das Ausbesserungswerk für Loks und Waggons der Bahn der größte Arbeitgeber in Limburg. Bis 1972 wurden hier noch

Panoramablick in die WERKStadt

Dampflokomotiven gewartet, danach begann das Zeitalter der Diesselloks. Unter anderem reparierte und überholte man hier die legendäre V200-Reihe und die ebenfalls berühmte „Limburger Zigarre", ein Akku-Triebwagen. Im Jahr 2002 erfolgte die endgültige Schließung. Insgesamt beträgt die nutzbare Fläche ca. 100.000 Quadratmeter und stellt für die Städteplanung ein Jahrhundertprojekt dar.

Bei der mittlerweile eingeleiteten Sanierung wird der Charme der Industriearchitektur des ausgehenden 19. Jahrhunderts erhalten und sachgerecht saniert. Die 26.000 Quadratmeter große und fünfzehn Meter hohe ehemalige Richthalle, vom Typ her mit den historischen Markthallen verwandt, wurde im Zuge des Umbaus für die Erfordernisse des modernen Einzelhandels behutsam saniert. Ein Mix von Handel, Gastronomie und Sport belebt die ehemaligen Hallen und schafft einen neues „Stück Stadt", das direkt an den Bahnhof und die Innenstadt anschließt.

In einer einhundert Meter langen Passage, beginnend am Bahnhofsplatz und in der schon eröffneten Richthalle einmündend, entstehen in der zweiten Ausbaustufe weitere fünfundzwanzig Läden und gastronomische Betriebe. Außerdem das interaktive Museum „Mechanikum" (↪ S. 75). Geplante Eröffnung 2011/2012.

Mehr Infos: www.werkstadt-limburg.de

Ausreichend Parkplätze vorhanden

Kernöffnungszeiten der Passage Mo–Fr 9–20 Uhr • Sa 9–18 Uhr

Mehr Einkaufstipps: www.einkaufen-in-limburg.de

Hochbunker vom Typ „Winkelturm 3"

Ebenfalls auf dem Gelände des Ausbesserungswerks befindet sich noch ein Hochbunker der sogenannten Bauart Winkel Typ 3. Benannt nach ihrem Konstrukteur Leo Winkel aus Duisburg, wurden diese zwischen 1936 und 1941 überwiegend auf den Standorten der Reichsbahnausbesserungswerke im Zuge des Werksluftschutzes errichtet.

Die Türme fassen teilweise über sechshundert Personen und wurden in „Zuckerhutform" gebaut, um eine geringe Angriffsfläche für Bomben zu bieten. Sie benötigten wenig Grundfläche und waren für die Beschäftigten der besonders gefährdeten Ausbesserungswerke ein vollwertiger Schutz gegen Nahtreffer von Spreng-, Brand- und chemischen Bomben.

Resultierend aus der sich zuspitzenden Rohstoffknappheit wurde Leo Winkel im Mai 1937 vom Reichsminister der Luftfahrt (RMDL) dazu veranlasst, den Stahlbedarf seiner Luftschutztürme um 50% zu reduzieren. Die Außenwand wurde daher deutlich verstärkt und auch die innere Raumaufteilung der Winkeltürme musste neu überdacht werden. Winkel entwarf ein revolutionäres Raumkonzept, in dem er segmentbogenartige Zwischenpodeste, je um ein halbes Geschoss zueinander versetzt, mit Treppenläufen verband. Es entstand das sogenannte „Sitzstufen-Konzept", welches das alte, aus einzelnen Geschossdecken und steilen Treppenaufgängen bestehende Innenleben der Winkeltürme ablöste. Eine weitere Neuerung stellte der mit Toiletten ausgestattete Versorgungsschacht dar. Er verlief rechtwinklig um die Turmachse nach oben. Winkeltürme dieser Bauweise erhielten in den meisten Fällen drei oder vier Eingänge. Diese waren in unterschiedlichen Höhen angeordnet und um je einhunderzwanzig Grad zueinander versetzt eingebaut.

Die Kosten für einen Luftschutzturm der Bauart Winkel in stahlarmer Ausführung, wie der Limburger Typ, variierte je nach Schutzplatzkapazität zwischen 57.000 Reichsmark (Turm 1 für 500 Personen) und 28.000 Reichsmark (Turm 5 für 164 Personen). Insgesamt entstanden über zweihundert solcher Winkeltürme und nur von einem ist bekannt, dass er durch einen Bombenangriff zerstört wurde. Die meisten stehen heute unter Denkmalschutz. Ein Versuch, den Limburger Bunker nach dem Krieg zu sprengen, scheiterte kläglich. Das amerikanische 740. „Daredevil"-Panzerbataillon zerstörte mit seinen massiven Sprengsätzen lediglich die umliegenden Scheiben. Der Turm selbst trug keine Schäden davon.

www.untertage-übertage.de

Sitzplatzanordnung im Hochbunker

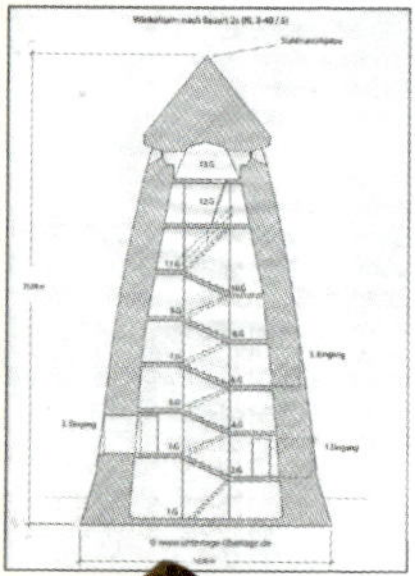

oben: historische Aufnahmen
mitte und unten:
geplante Ausbaustufe 2
der WERKStadt

Essbare Kunstwerke von Creative Patisserie

GASTRONOMIE IN LIMBURG.DE

Ein kleiner Auszug aus dem reichhaltigen Gastronomieangebot der Stadt. Auswahl und Reihenfolge stellen keine Wertung dar, denn nicht alle Lokale können im beschränkten Rahmen eines solchen Reiseführers aufgenommen werden.

Mehr Gastronomietipps: www.gastronomie-in-limburg.de

Cafés & Bistros

Hermanns Café
Kleines, beschauliches Café an herrlichem Platz. Viele Frühstücke, tolle hausgemachte Torten und eine regelmäßig wechselnde Speisekarte mit hervorragendem Essen. Gute Auswahl an offenen Tees. Außenplätze.
Plötze 10 • 65549 Limburg • Tel. +49(0)6431-217579
hermanns-cafe@gmx.de • www.hermanns-cafe.de
Di–So ab 9 Uhr • Mo Ruhetag • Im Sommer auch Do–Sa abends

Café Kosmol
Traditions-Kaffeehaus mit hochwertiger Kuchen- und Tortenauswahl. Fachwerkambiente über mehrere Etagen. Eigene Pralinenproduktion. Außenplätze.
Bischofsplatz 3–5 • 65549 Limburg • Tel. +49(0)6431-6410
Täglich 9–18 Uhr

Limburger Säcker – Ein Rezept zum Nachkochen

Limburger Säcker

- 4 dicke Schweinekoteletts ohne Knochen
- 8 EL Sauerkraut
- 4 dünne Scheiben Dörrfleisch
- mittelscharfer Dijonsenf, Salz und Pfeffer
- 2 Eigelbe
- 4 Essiggurken
- Öl
- Mehl

Die Koteletts salzen, an der Seite aufschneiden und in die Taschen je 2 EL Sauerkraut füllen. Das Dörrfleisch würfeln und anbraten, die Essiggurken in kleine Streifen schneiden und beides ebenfalls in die aufgeschnittene Tasche stopfen. Das Fleisch pfeffern und gut mit dem Senf einstreichen. Mit einem Zahnstocher verschließen und abschließend die Koteletts in Mehl und Eigelb wenden. In heißem Öl anbraten und mit Vollkornbrot oder Bratkartoffeln servieren.

Café Marucci, Bahnhofstraße

Café Marucci

Schickes, modernes Café an der Verbindungsachse Alt- und Neustadt, zentral gelegen. Integrierte Espressobar. Sonntags Frühstücksbuffet und Brunch. Umfangreiche Speisekarte, Mittagstisch und großes Kuchenbuffet. Gute Auswahl an offenen Tees. Außenplätze.
Bahnhofstr. 11 • 65549 Limburg • Tel. +49(0)6431-5905670
info@cafe-marucci.de • www.cafe-marucci.de
Täglich ab 7.30 Uhr • So ab 9 Uhr

Eiscafé Lazzaris

Seit 1951 (!) in Limburg ansässige Familie, die sich ganz der hochwertigen Eisproduktion verschrieben hat. Außenplätze.
Salzgasse 2 und Bahnhofstr. 18 • 65549 Limburg • Tel. +49(0)6431-8155 und -6854
info@eislazzaris.de • www.eislazzaris.de
Täglich ab 9.00 Uhr (außer November–Februar)

Leon's Crêperie am Dom

Französisches Flair mitten in der Altstadt. Große Auswahl an Galettes aus Buchweizenmehl, kombiniert mit Herzhaftem und Crêpes mit süßen Füllungen finden sich neben Käse und Salaten auf der Speisekarte. Dazu Bier und Cidre aus der Bretagne. Außenplätze.

Fischmarkt 11 • 65549 Limburg • Tel. +49(0)6431-2198877
info@leons-creperie-am-dom.de • www.leons-creperie-am-dom.de
Mo+Mi 11–22 Uhr • Do–So 10 bis 22 Uhr • Di Ruhetag

Rossini Café. Wein. Bar.
Café und Eiskultur auf der Plötze. Schön gelegenes italienisches Café mit Außenplätzen. Gute Weinkarte.
Plötze/Böhmergasse 2 • 65549 Limburg • Tel. +49(0)6431-4931105
www.rossini-limburg.de
Mo–Sa 9–? • So+Feiertage 10–?

Espressobars

Café Meloni
Original italienische Espressobar am zentralen Platz in der Altstadt. Stark frequentiert. Abends wandelt sich das Café zu einer Bar mit Mixgetränken, Wein und Prosecco. Außenplätze.
Kornmarkt 1 • 65549 Limburg • Tel. +49(0)6431-22877
info@cafe-meloni.de • www.cafe-meloni.de
Mo-Sa ab 7 Uhr • So ab 10 Uhr (nur während der Terrassenzeit)

Fare Tredici Caffè Espresso Studio
Kleine italienische Espressobar mit exquisiten Caffès und exclusiven Maschinen. Außerdem italienische Snacks und Süßigkeiten. Außenplätze.
Neumarkt 8–10 • 65549 Limburg • Tel. +49(0)6431-217542
simi73@freenet.de • www.f13caffe.de
Mo–Fr 9–18.30 Uhr • Sa 9–18 Uhr

oben: Weinhaus Schultes, Plötze
links: Café Meloni am Kornmarkt

rechts: Blick ins Restaurant „Himmel und Erde“

Weinhaus Schultes

Einziges typisches Weinlokal in Limburg. Erbaut 1567 als Hallenhaus mit einem der schönsten Gewölbekeller Limburgs. Seit 1836 als Weinlokal und Restaurant bewirtschaftet und weit über Limburg hinaus bekannt. Früher in der Hand einer ebenso berühmten wie gefürchteten Wirtin, ist mit der neuen Inhaberin viel frischer Wind in die alten Räumlichkeiten gekommen. Generationen von Limburgern haben an den uralten Tischen über Gott und die Welt diskutiert.

Plötze 14 • 65549 Limburg • Tel. +49(0)6431-6442
info@weinhaus-schultes.de • www.weinhaus-schultes.de
Mo–Fr ab 16.30 Uhr • Sa, So und Feiertage ab 17 Uhr • Di Ruhetag

Der kleine Prins

Hotelrestaurant direkt an der Alten Lahnbrücke im „Hotel Nassauer Hof“, mit empfehlenswertem Essen, gut sortiertem Weinkeller und fachkundiger Beratung. Familär geführt. Außenplätze direkt an der Lahn.

Brückengasse 1 • 5549 Limburg • Tel. +49(0)6431-996-0
info@hotel-nasserhof-limburg.de • www.hotel-nassauerhof-limburg.de
Di –So 11.30–14 Uhr • 18–21 Uhr

Georgs Steakhouse (in der Stadthalle Limburg)

„Georgs Steakhouse“ bietet angenehmes Ambiente und Wohlfühlatmosphäre. Exquisite Cocktails. Kochkurse, Brunch und Veranstaltungen. Außenplätze auf zwei Etagen.

Hospitalstr. 4 • 65549 Limburg • Tel. +49(0)6431-26027
info@georgs-limburg.de • www.georgs-limburg.de
Mo–Do 11.30–14.30 Uhr und 18–23.30 Uhr
Fr 11.30–14.30 Uhr und 18 Uhr–? • Sa 18–?
So 11.00–14.30 Uhr und 18.00–22.30 Uhr

Kapelle Himmel und Erde

Friedhofskapelle erbaut im Jahr 1896. 2007 ausgebaut zu einem außergewöhnlichen Restaurant mit einmaligem Ambiente und empfehlenswerter Küche. Außerdem regelmäßige Veranstaltungen, Musik und Kochkurse. Außenplätze.

Joseph-Heppel-Str. 1a • 65549 Limburg • Tel. +49 (0)6431-5847208
info@kapelle-himmelunderde.de • www.kapelle-himmelunderde.de
Mi–Fr So und Feiertage 12–14 Uhr • Di–So ab 18 Uhr • Mo Ruhetag

Priesterwürger, eine Spezialität des Restaurants „Himmel und Erde"

Restaurant Tafelspitz

Hübsches Restaurant mit ausgezeichneter deutscher Küche aus frischen und regionalen Zutaten. Familär geführt. Täglich großes Frühstücksbuffet ab 8.00 Uhr. Gemütliche Pension im Haus.

Grabenstr. 16–18 • 65549 Limburg • Tel. +49(0)6431-288446 und +49(0)172-6776802
info@tafelspitz-limburg.de • www.tafelspitz-limburg.de
Mo–Sa 8–23 Uhr • So 8–15 Uhr

Restaurant Tafelspitz

Ristorante Bella Citta Vecchia

Restaurant mit guter italienischer Küche in einem mehr als fünfhundert Jahre alten Fachwerkhaus auf einem der schönsten Plätze der Altstadt. Außenplätze mit herrlichem Blick auf die Altstadtkulisse. Gemütliche Pension im Haus.

Fischmarkt 8 • 65549 Limburg • Tel. +49(0)6431-210 608
info@bella-citta-vecchia.de • www.bella-citta-vecchia.de
Mo–So 10–22 Uhr

Ristorante Bella Citta Vecchia am Fischmarkt

Ristorante Don Camillo

Familiär geführtes, original italienisches Restaurant in der Altstadt. Gekocht werden traditionelle italienische Rezepte mit ihrer Vielzahl an regionalen und lokalen Spezialitäten. Gehobene Küche. Außenplätze direkt auf der Plötze.

Café Nannini in der Barfüßerstraße

Plötze 4 • 65549 Limburg • Tel. +49(0)6431-8685
info@don-camillo-limburg.de • www.don-camillo-limburg.de
Mo–So 12–14 Uhr und 17.30–22 Uhr • Do Ruhetag

Ristorante Fellini

Sehr gutes italienisches Restaurant mit einer Mischung aus traditioneller italienischer Küche und Nouvelle Cuisine. Pizza aus dem Holzofen. Mediterran und sehr stilvoll eingerichtet. Große, wunderschöne Gartenterrasse.
Frankenstr. 9 • 65549 Limburg • Tel. +49(0)6431-5840420
Täglich 11.30–14.30 Uhr und 17.30–23.00 Uhr
www.fellini-limburg.de

Ristorante Fellini

Schwarzer Adler

Lange Tradition. Schon 1700 erstmals als Gasthaus erwähnt. Schön eingerichtet. Versteht sich als kommunikativer Treffpunkt. Außenplätze.
Barfüßerstr. 14 • 65549 Limburg • Tel. +49(0)6431-6387
ABr1068227@aol.com • www.schwarzeradlerlimburg.de
Mo–So 11–?

Strausswirtschaft

Hübsch eingerichtetes und gutes Restaurant mit großer Auswahl an Tapas und Herzhaftem zum Wein. Außenplätze in einem Innenhof.
Frankfurter Str. 13 • 65549 Limburg • Tel. +49(0)6431-2198959
www.restaurant-strausswirtschaft-limburg.de
Di–Fr 12–14 Uhr und 18–24 Uhr
Sa+So 18–24 Uhr

Wirtshaus Obermühle

Werner-Senger-Haus

Restaurant mit Fachwerkambiente. Im Weinkeller des Hauses war der Räuber Schinderhannes inhaftiert, bevor er nach Frankfurt geschafft wurde. Terrasse.
Rütsche 5 • 65549 Limburg • Tel. +49(0)6431-6942
Mo–So 11–23 Uhr

Wirtshaus Obermühle

Alte Stiftsmühle, 1237 erstmals urkundlich erwähnt. Gemütlich, mit drei Sonnenterrassen und einem schönen Biergarten am Fuße des Doms mit imposantem Blick auf Limburgs Wahrzeichen.
Am Huttig 3 • 65549 Limburg • Tel. +49(0)6431-27927
info@obermuehle-limburg.de • www.obermuehle-limburg.de
Mo–So 11–24 Uhr

Restaurant Riever

Riever

Weit gereister und erfahrener Gastronom aus Palermo, hat sich direkt an der Lahn niedergelassen. Gekocht wird vom Inhaber selbst und zwar leichte, mediterrane Küche mit internationalen Einflüssen für genussvolle und

bewusste Ernährung. Angegliederte Kochschule. Herrliche Terrasse, direkt an der Lahn gelegen.
Eschhöfer Weg 12 • 65549 Limburg • Tel. +49(0)6431-2620021
info@riever.de • www.riever.de
Di-Sa 11-22.30 Uhr • So Brunch • Sonntagabend und Mo geschlossen

Bars, Kneipen & Nightlife

Villa Konthor
Über sechshundert (!) offene Whiskysorten, Bierspezialitäten und zwanzig offene Spitzenweine! Kellergewölbe. Außergewöhnliches Ambiente in historischem Rahmen ermöglichen auch Einblick und Genuss von hochwertiger, handgeschöpfter Schokolade. Ausgezeichnet als eine der fünf besten Whiskybars in Deutschland!
Werner-Senger-Str. 23 • 65549 Limburg • Tel. +49 (0)6431-26027
info@villakonthor.de • www.villakonthor.de
Do–Sa ab 18 Uhr

Café „Nannini"
Sehr hübsches italienisches Café und Weinbar mit Qualitätsweinen und anderen Spezialitäten aus Bella Italia. Außenplätze. Ferienwohnungen.
Barfüßerstr. 5 • 65549 Limburg • Tel. +49(0)6431-5840101
info@don-camillo-limburg.de • www.don-camillo-limburg.de
Täglich ab 10 Uhr

Chiringuito
Kleines, direkt an der Alten Lahnbrücke gelegenes spanisches Restaurant. Außenplätze.
Konrad-Kurzbold-Str. 2A • 65549 Limburg • Tel. +49(0)6431-5843297
www.chiringuito-limburg.de
Täglich 16.30–23.30 Uhr

Musikpark Limburg
Nightlife pur: Dance-Club im Barockstil, ClubLounge in retro-neuklassizistischer Optik. Disco im Skihüttenstil und eine GardenLounge, eingerichtet wie eine Südseebar bieten ein kontrastreiches Programm für die ganze Nacht. Kinderdisco ab 14 Uhr.
Elzer Str. 2–4 • 65556 Limburg •Tel. +49(0)261-9738534
info@musikpark-limburg.de • www.musikpark-limburg.de
Geöffnet von Do–So

Villa Konthor, eine der fünf besten Whiskybars in Deutschlands

rechts: Restaurant „Der kleine Prins" im Hotel Nassauer Hof Limburg

Imbiss & Fastfood

Imbiss Nudelhaus

Schön eingerichteter Imbiss in der Innenstadt mit umfangreicher Karte. Außenplätze.
Diezer Str. 8 • 65549 Limburg • Tel. +49(0)6431-26506
Mo–Fr 10–18 Uhr

Pizzeria Salerno to go

Pizzeria to go mit Lieferservice bis 23 Uhr. Gute und große Auswahl an Pizzen.
Holzheimerstr. 54 a • 65549 Limburg • Tel. +49(0)6431-477575
Di–Fr 11–14.30 und 17–23 Uhr • Sa und So 11–23 Uhr

Burger King

Filiale der amerikanischen Burgerkette am Bahnhof. Außenplätze.
Bahnhofsplatz 1 • 65549 Limburg • www.burgerking.de • Täglich ab 9 Uhr

McDonalds

Rund um die Uhr ist diese Filiale der amerikanischen Kette direkt an der Autobahn geöffnet. WLAN, McDrive, McCafé. Außenplätze.
Brüsseler Str. 4 (ICE-Gebiet an der A 3) • 65552 Limburg
www.mcdonalds.de • 24 Std.

KFC Kentucky Fried Chicken

Treffpunkt für alle Chickenfans mit Drive-in-Schalter.
Vinzenz-Pallotti-Str. 1 (ICE-Gebiet an der A 3) • 65552 Limburg
Tel. +49(0)6431-4794530 • www.kfc.de
Mo–Do 10–1 Uhr • Fr 10–3 Uhr • Sa 10.30–3 Uhr • So 10.30–1 Uhr

„Außerhalb, aber lohnenswert"

Landhotel zum Bären

Gault Millaut 2010 schreibt „Ein Kleinod der deutschen Spitzengastronomie: feines Landhotel in schöner Lahntal-Lage mit beseelendem Ambiente

Landhotel zum Bären

für die Tafelfreuden" und gibt der Familie Buggle 15 Punkte. Spitzengastronomie im Bibliothekszimmer, gehobene Qualität in der „Weinstube" und „Am Kachelofen". Schöne Terrasse. Herausragender Weinkeller!
Bahnhofstr. 24 • 65558 Balduinstein • Tel. +49(0)6432-8007820
info@landhotel-zum-baeren.de • www.landhotel-zum-baeren.de
Täglich außer Di von 12–14 und 18–21.30 Uhr

Zimmermann's Mühle

Frische, saisonale Produkte – möglichst aus der Region, mit Leidenschaft zubereitet und verfeinert mit einer Prise pfiffiger Ideen ist die Devise der Geschwister Scheiding. Wunderschön gelegene Mühle im Aartal mit aufmerksamem Service und sehr guter Küche. Außenplätze.
Im Aartal 1 • 65326 Aarbergen-Michelbach • Tel. +49(0)6120-914650
info@zimmermannsmuehle-aartal.de • www.zimmermannsmuehle-aartal.de
Mi–Sa von 18–23.30 Uhr • So und Feiertage von 11.30–23.30 Uhr

ApfelWeinBistrorant in der Landsteiner Mühle

Erstklassige Apfelweine aus aller Welt und natürlich sortenreine, selbst gekelterte Apfelweine der Region gibt es beim einzigen deutschen Apfelweinsommelier Michael Stöckl. Probier- und halbe Portionen beim Essen sind möglich. Originelle Speisekarte. Schön gelegen. Außenplätze.
Landstein 1 • 61276 Weilrod • Tel. +49(0)6083-346
mehlbox@landsteiner-muehle.de • www.landsteiner-muehle.de
Täglich 11.30–23 Uhr

Petits fours von Creative Patisserie

Rosi's Restaurant

Rosi & Thomas Althen haben mit viel Geschick und wundervollen Blumenarrangements ein angenehmes Restaurant mit Ausblick auf einen liebevoll angelegten Garten mit Teich geschaffen. Dazu nach wie vor eine hohe Qualität und frisches, kreatives Essen mit aufmerksamen Service und sehr guter Auswahl an Getränken. Schön angelegte Außenplätze.
Am Birnbusch 17 • 65510 Hünstetten-Bechtheim
Tel. +49(0)6438-2126 • www.rosis-restaurant.de
Fr – Mo 12-14 Uhr und ab 18 Uhr

Creative Patisserie

Kein gastronomischer Betrieb, aber ein Spitzenkonditor mit fantastischen Kreationen, der sein Wissen in Schulungen weitergibt und natürlich seine feinen Produkte (Torten, Pralinen, Petit Fours, Desserts) für Festlichkeiten aller Art und Größe (Firmen und Privatpersonen) anfertigt.
Vorsicht, schon der Besuch der Homepage macht süchtig!
Langstraße 39a • 65558 Gückingen • Tel. +49(0)6432-8009264
info@creative-patisserie.com • www.creative-patisserie.de

FREIZEIT-IN-LIMBURG.DE

Durch seine zentrale Lage ist Limburg ideal für einen längeren Urlaub. Viele Freizeitangebote in der Stadt und interessante Ausflüge in alle Richtungen machen einen abwechslungsreichen und spannenden Aufenthalt möglich. Die malerischen Altstadtgassen Limburgs mit jahrhundertealten Fachwerkhäusern, eine außergewöhnliche Kulturlandschaft, mächtige Burgruinen und Schlösser, bedeutende Kirchen und Klöster spiegeln in dieser Region die Zeitgeschichte vieler Jahrhunderte wider.

↪ *www.freizeit-in-limburg.de*

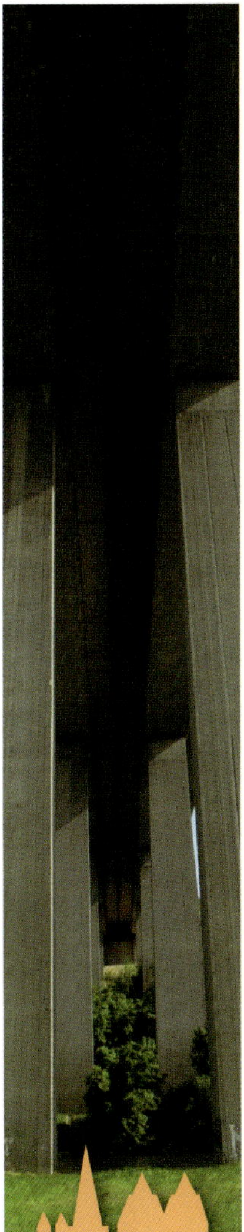

oben rechts:
Die „Wappen von Limburg“

...gemütlich

Fahrgastschifffahrt Heldmann
Die Fahrten der „Wappen von Limburg“ gehen von Limburg über Diez und Fachingen nach Balduinstein. Vier Schleusendurchfahrten liegen auf dieser landschaftlich sehr reizvollen Fahrt. Dauer von 13.20 Uhr bis ca. 17.30 Uhr. Daneben noch kleinere Rundfahrten Limburg-Oranienstein-Dietkirchen und Limburg-Dietkirchen-Dehrn sowie Sonderfahrten nach Vereinbarung. Das Fahrgastschiff hat ein Fassungsvermögen von zweihundertfünzig Personen und war beim Stapellauf das größte Passagierschiff auf der Lahn. Aktueller Fahrplan und Fahrzeiten auf der Homepage. Gastronomie an Bord.
Schleusenweg 2 • 65549 Limburg • Tel. +49(0)6431-3984
Mobil: +49(0)171-7729105
info@lahnschiffahrt.de • www.lahnschiffahrt.de

bbq-donut® und Tretbootverleih
Der bbq-donut® ist ein weltweit einzigartiges rundes Boot mit einem integrierten, raucharmen Holzkohlegrill, auf dem bis zu zehn Personen feiern können! Gesteuert wird dieses originelle Gefährt mit einem kleinen Elektroaußenbordmotor (darf von jedermann gefahren werden). Außerdem: Verleih von Ruder- und Tretbooten. Praktische All-inclusive-Angebote (Getränke, Grillgut, Snacks). Von ca. April bis Oktober.
Eschhöfer Weg/Schiffsanleger • 65549 Limburg
Tel. +49(0)1804-227366
info@wasserfest.de • www.wasserfest.de
Fr–So und Feiertage 11–19 Uhr oder nach Terminvereinbarung

Planwagenfahrten Otto Mallebré
Ausfahrten mit dem Planwagen. Kindergeburtstag, gekühlte Getränke, Kaffee und Kuchen sowie Imbiss auf dem Wagen möglich. Tagesfahrt mit Planwagen und Schiff kombinierbar.
Falkenweg • 65606 Villmar • Tel. +49(0)6482-4534

Cineplex
Hochmodernes Kinocenter mit acht Sälen und bester Technik mitten in der Stadt. Mit Gastronomie.
Dr.-Wolff-Str. 1 • Tel. +49(0)6431-28111-0 • www.cineplex.de

Bowlhouse Limburg

Hochmodernes Bowlingzentrum in der Stadthalle Limburg, zentral gelegen mit Parkplätzen. Viele Veranstaltungen. Eine Sportsbar mit Gastronomie angeschlossen.
Hospitalstr. 4 • 65549 Limburg • Tel. +49(0)6431-211860
info@bowlhouse-limburg.de • www.bowlhouse-limburg.de
Mo–Mi ab 17 Uhr • Do–Fr ab 16 Uhr • Sa ab 15 Uhr • So ab 14 Uhr

Bowlhouse in der Stadthalle

X-Kart Center

Eine der größten und auch schönsten Karthallen in Deutschland. Die Kartbahn verfügt über zwei separate Strecken mit sechshundert bzw. vierhundert Metern Länge.

X-Kart Center in Limburg-Staffel

Elzer Str. 2-4 • 65556 Limburg-Staffel • Tel. +49(0)6431-25006
info@kartbahn-limburg.de • www.kartbahn-limburg.de
Mo–Do 17–23 Uhr • Fr 17–00 Uhr • Sa 14–00 Uhr
So und Feiertage 10–00 Uhr

Eissporthalle Diez

Moderne Eishalle mit Musik- und Lichtkulisse sowie Gastronomie. September bis April geöffnet. Ausführliche Öffnungszeiten auf der Homepage.
Am Hallenbad 4 • 65582 Diez • Tel. +49(0)6432-62231
info@eissportdiez.de • www.eissportdiez.de

FOXBOX Spiel- und Fußballcenter

Über fünftausend Quadratmeter Spiel, Sport und viel Spaß. Sonntägliches Frühstück, riesige Spielewelt, Fußballfelder, Spaßgolfen bis hin zum Hüpfburgenverleih in einer riesigen Halle des ehemaligen Bundesbahnausbesserungswerks. Kinder ab acht Jahre können dort unter Aufsicht spielen.

WERKStadt Joseph-Schneider-Str.1 • 65549 Limburg
Tel. +49(0)6431-9521-0
info@foxbox.info • www.foxbox.info
Mo–Do 14–18.30 Uhr • Freitag 14–19.30 Uhr • Sa+So 10–19.30 Uhr
Öffnungszeiten in den Ferien und an Feiertagen (Hessen/Rheinland-Pfalz)
Mo–So 10–19.30 Uhr

Berg- und Klettersportverein Friends Goldener Grund 2001 e.V.
Der Verein bietet Mitgliedern in der Kletterscheune in Mensfelden eine Vielzahl von Sportklettermöglichkeiten. Nichtmitglieder können an einem Schnupperkurs teilnehmen oder zum Probeklettern vorbeikommen. Sehr beliebt bei Kindern ist das Geburtstagsklettern.
Sonntagsstr. 25 • 65597 Hünfelden (Mensfelden)
Tel. +49(0)6482-6082785
christoph@friends-goldenergrund.de • www.friends-goldenergrund.de

Och-City-Sport
Großes, modernes Fitness- und Wellnesszentrum mitten in der Stadt. Sauna, Beauty- und Massageangebote. Täglich geöffnet.
Dr.-Wolff-Str. 2/City-Arkaden • 65549 Limburg
Tel. +49(0)6431-219080
info@och-city-sport.de • www.och-city-sport.de

Mrs. Sporty Limburg
Sportclub der bekannten Kette für alle Altersstufen mit bewährtem Konzept. Nur für Frauen.
Westerwaldstr. 111–113 • 65549 Limburg • Tel. +49 (0)6431-2189088
club126@club.mrssporty.de • www.mrssporty.de/club126

Oranienbad Diez Limburg

Hallenbad mit Cafeteria, Liegewiese, Spezialumkleide für Behinderte, Rutsche, Hot Whirl-Pool, Baby-Pool, Sonnenlandschaft und Saunaanlage.

Campingplatz und Bootsverleih an der Lahn

Am Hallenbad • 65582 Diez • Tel. +49(0)6432-62626
info@oranienbad.de • www.oranienbad.de
Täglich geöffnet

Hallenbad Offheim

Hallenbad mit Sauna, von einem rührigen Verein im Vorort Offheim betrieben. Kundenfreundliche Öffnungszeiten.
Am Hallenbad 2 • 65555 Limburg • Tel. +49(0)6431-51455
info@hallenbadverein-offheim.de • www.hallenbadverein-offheim.de
Täglich ab 6 Uhr, an vielen Tagen bis 22 Uhr

Parkbad Limburg

Öffentliches, schön angelegtes Freibad mit 50-Meter-Wettkampfbecken, Sprungbereich, Erlebnisbecken, Babybecken.
Am Haustein • 65549 Limburg • Tel. +49(0)6431-3950
www.limburg.de
Geöffnet von Mai bis September • Täglich 8–20 Uhr,
bei schönem Wetter bis 21 Uhr

Parkbad Limburg

Baggersee in Diez

Attraktiver und beliebter Badesee. Inmitten steiler Kalkfelsformationen liegt dieser türkisblaue, kristallklare Bade- und Tauchsee an der Stadtgrenze Limburgs. Eine Rampe und drei Treppen erlauben den bequemen Ein- und Ausstieg. Parkplätze vorhanden.

In der Au 40 • 65582 Diez • Tel. +49(0)6432-82417
baggersee.diez@t-online.de • www.baggersee-diez.de
Ab Mai bei Badewetter geöffnet

Preisgekröntes Unterwasserfoto von Eckhard Krumpholz

Tauchschule am Baggersee in Diez

Taucherausbildung, auch Schnuppertauchen möglich. Standort ist der Baggersee Diez (siehe oben) mit seinem kristallklaren Wasser.
In der Au 40 • 65582 Diez • Tel. +49(0)6432-83308
info@tauchschulebaggerseediez.de • www.tauchschulebaggerseediez.de

Seeweiher

Zwischen Waldernbach und Mengerskirchen bedeckt das blaugraue Gewässer am Südhang des Westerwaldes eine Fläche von 150.000 Quadratmetern. Das flache Ufer ist mit Bäumen und Sträuchern bewachsen. Baden, Angeln und Rudern möglich. Außerdem runden Volleyball- und Basketballfelder sowie Tischtennisplatten und ein Spielplatz das Angebot ab. Behindertengerechte Einrichtungen. Gastronomie vorhanden.
Hauptstr. • 35794 Mengerskirchen • Tel. +49(0)6476-2263
info@seeweiher.de • www.seeweiher.de

Herthasee bei Holzappel

In der Nähe von Limburg, bei Holzappel, liegt der Herthasee. Seine herrliche Umgebung und seine gute Wasserqualität haben dazu beigetragen, dass sich der See mit seinen Uferflächen zu einem beliebten Freizeitparadies

Herthasee bei Holzappel

entwickeln konnte. Schwimmen, Sonnenbaden, Boot fahren, Angeln und Wandern sind möglich. Eine Badeinsel mitten im See, ein Beachvolleyball-Feld, eine Gartenschachanlage und gute Gastronomie ergänzen das vielseitige Freizeitangebot.
Am Herthasee • 56379 Holzappel • Tel. +49(0)6439-5385
Holzappel-Gemeinde@t-online.de • www.holzappel-herthasee.de
Täglich 10–19 Uhr

...luftig

Lahntal-Ballonteam
Limburg aus der Luft erkunden mit einem der sanften Riesen. Mehrere Startplätze in und um Limburg. Hochzeit und Sushi on air möglich (ein Sushikoch bereitet die Leckerbissen während der Fahrt zu!).
Tel. +49(0)6431-25288 • Handy: +49(0)172-6728481
info@lahntal-ballonteam.de • www.lahntal-ballonteam.de

Flugsportgruppe Elz e. V.
Rundflüge über Limburg am besten über die Flugsportgruppe buchen. Eindrucksvolle Ansichten der Region aus dem Flugzeug möglich.
An der B8 • 65604 Elz • Tel. +49(0)6431-54200
info@edfy.de • www.edfy.de

Skydive Westerwald
Fallschirmspringer-Ausbildung und Tandemsprünge möglich.
Flugplatzstr. 30 • 56459 Ailertchen • Tel. +49(0)2663-6115
Flugplatz „Auf der Hub" • 35767 Breitscheid • Tel. +49(0)2777-1871
info@skydive-westerwald.de • www.skydive-westerwald.de

...neugierig

Sternwarte Limburg
Interessante Vorträge und Veranstaltungen zum Thema Sternenhimmel.
Stephanshügel/Ecke Industriestr. • 65549 Limburg
info@sternwarte-limburg.de • www.sternwarte-limburg.de

Dombibliothek Limburg
Öffentliche Bibliothek der Stadt Limburg. Ausleihe von Büchern, Zeitschriften, Kassetten, Hörbüchern, CD-ROMs und Spielen. Internetzugang und Leseecke mit Zeitungen.
Frankfurter Str. 2 • 65549 Limburg • Tel. +49(0)64 31-22175
info@dombibliothek.de • www.dombibliothek.de
Mo, Di, Do 14.30–18 Uhr • Mi und Fr 10–18 Uhr • Sa 10–12 Uhr

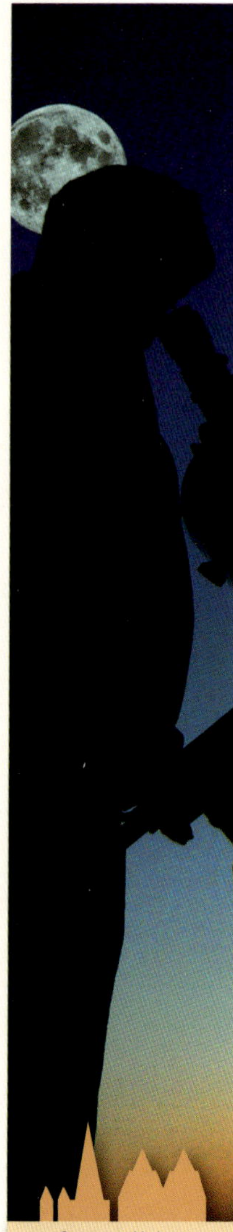
Sternwarte Limburg

Freizeitmöglichkeiten für Kinder

FOXBOX Spiel- und Fußballcenter
Über fünftausend Quadratmeter Spiel, Sport und viel Spaß. Sonntägliches Frühstück, riesige Spielewelt, Fußballfelder, Spaßgolfen bis hin zum Hüpfburgenverleih in einer riesigen Halle des ehemaligen Bundesbahnausbesserungswerks. Kinder ab acht Jahre können dort unter Aufsicht spielen.
WERKStadt Limburg
Joseph-Schneider-Str.1 • 65549 Limburg • Tel. +49(0)6431-9521-0
info@foxbox.info • www.foxbox.info
Mo–Do 14–18.30 Uhr • Freitag 14–19.30 Uhr • Sa+So 10–19.30 Uhr
Öffnungszeiten in den Ferien und an Feiertagen (Hessen/Rheinland-Pfalz)
Mo–So 10–19.30 Uhr

Skaterpark Limburg
Anfahrtsskizze auf www.limburg.de (Programm Jugendpflege)
Tal Josaphat • 65549 Limburg • Tel. +49(0)6431-203-0
info@limburg.de • www.limburg.de

X-Kart Center
Eine der größten und auch schönsten Karthallen in Deutschland. Die Kartbahn verfügt über insgesamt 1000 Meter Strecke. Eigene Kinderkartflotte für Kinder ab 8 Jahren. Kinderkartführerschein-Kurse werden angeboten.
Spezialangebot: Mi/Fr/Sa/So Kartfahren zum Sonderpreis.
Gastronomie.
Elzer Str. 2-4 • 65556 Limburg-Staffel • Tel. +49(0)6431-25006
info@kartbahn-limburg.de • www.kartbahn-limburg.de
Di-Fr 17-24 Uhr • Sa, So und Feiertage 12-24 Uhr

Dombibliothek Limburg
Öffentliche Bibliothek der Stadt Limburg. Ausleihe von Büchern, Zeitschriften, Kassetten, Hörbüchern, CD-ROMs und Spielen. Internetzugang und Leseecke mit Zeitungen.
Frankfurter Str. 2 • 65549 Limburg • Tel. +49(0)6431-22175
info@dombibliothek.de • www.dombibliothek.de
Mo, Di, Do 14.30–18 Uhr • Mi und Fr 10–18 Uhr • Sa 10–12 Uhr

Burgen, Kirchen & Schlösser

Lubentius-Basilika Limburg-Dietkirchen

Bauwerk und Lage Lahnaufwärts, nur wenige Kilometer von Limburg entfernt und wie der Dom auf einem Felsen gebaut, liegt die ehemalige Stiftskirche St. Lubentius. Eine in Ost-West-Richtung erbaute romanische Basilika mit einer Länge von 39 Metern. An der Westseite zwei quadratische, unterschiedlich hohe Türme mit Rhombendächern. Verbunden sind sie durch eine überdachte Holzbrücke.

Das dreischiffige Langhaus ist in fünf Joche unterteilt, beide Seitenschiffe werden durch jeweils fünf runde Fenster belichtet, das Hauptschiff von sechs Rundbogenfenstern. Die Sakristei ersetzte die südliche Nebenapsis. Östlich an den Chor schließt sich im Süden die Dreifaltigkeitskapelle und im

Kopfreliquiar des hl. Lubentius

Norden die Michaelskapelle an. Im Erdgeschoss des Nordturms befindet sich die Lubentiuskapelle mit den Gebeinen des Heiligen Patrons, im Süden der Treppenaufgang zur Orgelempore und zu den Türmen.

Die Kirche ist von einem alten Friedhof umgeben, der heute nicht mehr benutzt wird. Am südwestlichen Hang des Felsens wird seit 1998 Wein („Dietkirchener Lubentius Ley") angebaut. Der jährliche Ernteertrag liegt mittlerweile bei ca. vierhundert Kilogramm und wird vor allem als Messwein verwendet. An diesem Ort, der in vorchristlicher Zeit eine Kultstätte war, soll der Legende nach der hl. Lubentius den Chatten das Evangelium gepredigt haben. Die Legende besagt weiter, dass seine sterblichen Überreste von Kobern an der Mosel in einem Kahn moselabwärts und dann auf der Lahn stromaufwärts bis nach Dietkirchen gelangt sein sollen.

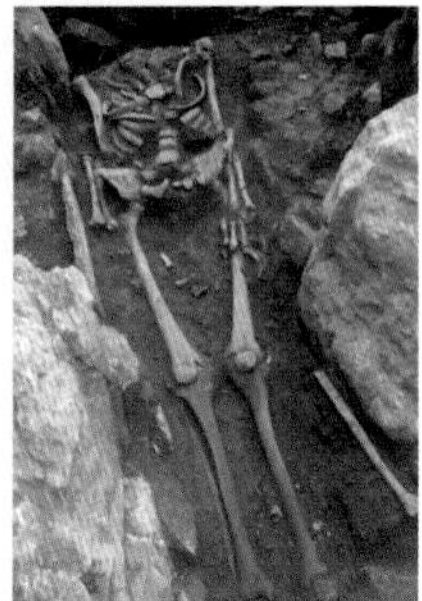

Über 1000 Jahre alter Skelettfund aus der Karolingerzeit an der Nordseite des Alten Gebeinhauses

Geschichte Der Vorgängerbau der jetzigen Kirche war wohl ein hölzernes „Oratorium" (Kapelle) aus der Zeit der Völkerwanderung. In den fünfziger Jahren ausgegrabene Fundamente stammen von einer früh-karolingischen Saalkirche aus dem 8. Jahrhundert. Ende des 10. Jahrhunderts entstand die erste dreischiffige Basilika mit Apsis und westlichem Wehrturm. Von dieser Bebauung ist unter der Vierung noch Mauerwerk vorhanden.

Ihre heutige Gestalt erhielt die Kirche im 11. und 12. Jahrhundert. Mehrfach wurde die Grundfläche vergrößert, was auch die wachsende Bedeutung Dietkirchens widerspiegelt. Der Ort war seit der karolingischen Zeit Sitz des Archidiakons (Stellvertreter des Erzbischofs in Verwaltungsangelegenheiten) für die rechtsrheinischen Gebiete des geistlichen Kurfürstentums Trier. Nach Beseitigung einiger baulicher Veränderungen aus dem 19. Jahrhundert zeigt das Langhaus heute wieder die reinen kubischen Bauformen der salischen Zeit. Ebenso wurden die historisierenden Wandmalereien aus dem 19. Jahrhundert entfernt, die originalen Fassungen der Gewölbe und der Decke freigelegt sowie die Quaderung der Putzflächen neu angelegt.

Am 30. November 1980 erhielt die Kirche eine Glocke, die Papst Johannes II. geweiht hatte, und 1985 besuchte die sel. Mutter Theresa die Lubentiuskirche.

Langhaus An der Triumphbogenwand des Mittelschiffs zur Vierung hin hängt ein großes Kruzifix aus dem 19. Jahrhundert. Die Orgel von Jakob Dehm wurde 1712 auf der Empore am westlichen Ende des Langhauses eingebaut und zwischenzeitlich mehrfach umgebaut und erneuert. 2002 erfolgte die bisher letzte Überholung der Orgel durch die Marburger Firma Woehl. Im südlichen Seitenschiff befindet sich, 1702 aus schwarzem Marmor gefertigt, das Epitaph des Stiftsdekans Johann Leonidas Schlüpgen. Gegenüber hat das Epitaph des napoleonischen Offiziers und Sohns des Dietkirchener Posthalters Emmerich Friedrich de Fabre seinen Platz.

Ein farbiges Epitaph für den im Jahr 1550 gestorbenen Ritter Philipp Frei von Dehrn steht im nördlichen Seitenschiff. Die daneben hängenden Fußfesseln stammen der Sage zufolge von einem Ritter Dietrich von Dehrn, der sie zum Dank für seine Rettung aus türkischer Gefangenschaft gestiftet haben soll. Die Skulptur neben dem Eingangsportal stellt den hl. Jakobus den Älteren dar. Weiter westlich steht ein Taufstein aus dem 13. Jahrhundert, der hölzerne Deckel entstand um 1600.

Die Assistenzfiguren Maria und Johannes der Kreuzigungsgruppe im nächsten Joch wurde 1699 vom Hadamarer Bildhauer Johann Valentin Neudecker gestaltet.

Lubentiuskapelle Der Eingang zu dieser Kapelle befindet sich an der Westwand des nördlichen Seitenschiffs. Der Altar in dieser Kapelle stammt

Bei Grabungsarbeiten wurden 2011 im Kellergewölbe der Michaelskapelle 200 gut erhaltene Schädel und die dazugehörigen Knochen gefunden

aus den 1970er-Jahren. Unter der Altarplatte steht der Sandsteinsarkophag mit den Gebeinen des hl. Lubentius, die vermutlich erst im 9. Jahrhundert nach Dietkirchen gelangten.
Im Tabernakelaufsatz des Altars wird die bedeutendste Reliquienbüste im Bistum Limburg ausgestellt. Der Kopf der Büste, in dem ein Teil des Schädels eingeschlossen ist, wurde ca. 1300 möglicherweise in Mainz gefertigt, der Brustteil der Büste 1477. Sehr wahrscheinlich ist, dass der Kopf des Reliquiars nicht für die Lubentius-Reliquie angefertigt wurde, da der Hohlraum deutlich zu klein für die vorhandenen Knochenfragmente ist. Die Kinnlade passt nicht in das Behältnis und befindet sich mit den übrigen Knochenfragmenten im Hochaltar. Auch die Schädeldecke des Heiligen zeigt deutliche Druckspuren des Behältnisses. Der Kopf der Büste bestand ursprünglich aus einem Stück, jedoch wurde später die Schädelkalotte durchtrennt und mit Scharnieren versehen, um ein Öffnen zu ermöglichen.

Vierung und Apsis Am Beginn der Hauptapsis steht links das 1981 errichtete Sakramentshaus aus Sandstein. Hauptaltar und Ambo (der erhöhte Ort, von dem aus Lesungen und Predigten gehalten werden) entstanden 1978 ebenfalls aus diesem Stein. Die mit blau-rot-weißem Glas versehenen Fenster der Apsis wurden in den 1950er-Jahren eingebaut. Der Marienaltar von 1758 befindet sich in der Apsis des nördlichen Querschiffs, davor an der Wand die Skulpur des hl. Josefs mit dem Jesuskind. Aus der gleichen Zeit stammen auch der Petrusaltar an der Ostwand des südlichen Querhauses und die daneben aufgestellte Figur des hl. Lubentius.

Michaelskapelle Die etwa um 1000 n. Chr. errichtete Kapelle beherbergt ein Kellergeschoss mit einem sehr seltenen Knüppelgewölbe. Der Raum selbst wurde als Karner, also als Gebeinhaus verwendet. Im Erdgeschossraum steht ein neugotischer Altar mit einer Darstellung des Erzengels Michael als Sieger über den Teufel. Außerdem zeigt die Ostapsis Reste einer mittelalterlichen Wandbemalung.

Sowohl die Michaelskapelle wie auch der darunter liegende Karner sollen in naher Zukunft als Heimatmuseum ausgebaut werden.
Geplanter Mittelpunkt der Ausstellung: die archäologischen Funde und die Beerdigungskultur rund um die Lubentiuskirche.
➦ *www.limburg-entdecken.de*

Dreifaltigkeitskapelle Sie steht am Südostrand des Lahnfelsens, wurde 1378 erstmals erwähnt und wahrscheinlich nicht lange zuvor erbaut. Ungefähr 1700 Umgestaltung der Kapelle im Barockstil. Das aufwändige Altarretabel besitzt als Mittelpunkt ein Bildwerk der Maria Immaculata; den Altaraufbau umgibt ein prunkvolles Wandgemälde, das die Erschaffung der Welt zum Thema hat.

Burg Runkel

rechts: Burg Runkel, Lahnbrücke und Altstadt

Erstmalig 1159 urkundlich erwähnt. Sehr wahrscheinlich ist die Gründung der Burg auf den Hohenstaufenkaiser Friedrich Barbarossa zurückzuführen. Die Zerstörung der Kernburg erfolgte im Jahr 1634. Sie bildet den heutigen Ruinenteil. Anstelle dessen wurden andere Gebäudeteile, die zwei Innenhöfe umschließen, für Wohnzwecke ausgebaut. Die Burg Runkel befindet sich

auch heute noch im Besitz der Familie zu Wied. Die gegenüberliegende Burg Schadeck entstand ab 1250 infolge von Familienstreitigkeiten auf der Burg Runkel.
Schlossplatz 2 • 65594 Runkel • Tel. +49(0)6482-941472
www.burg-runkel.de
Karfreitag bis Ende Oktober: Di–So 10–17 Uhr
Führungen nur nach vorheriger Anmeldung

Burgruine Freienfels

Die Burg Freienfels, durch dicke Schildmauern an ihrer Angriffseite geschützt und von einem mächtigen Bergfried überragt, gilt als bedeutsame mittelalterliche Befestigung. 1327 erstmals erwähnt, wird sie zurzeit im Rahmen einer Mustersanierung originalgetreu saniert. Jedes Jahr im Mai/Juni finden dort die bekannten Ritterspiele Freienfels statt.
➦ *www.ritterspiele-freienfels.de*
35796 Weinbach-Freienfels • Tel. +49(0)6471-4481
Mitte März bis Mitte Oktober, täglich 9–20 Uhr

Schloss Weilburg

Hoch über der Lahn erhebt sich eine der am besten erhaltenen absolutistischen Residenzen in Deutschland. Die Vierflügelanlage des Renaissanceschlosses aus dem 16. Jahrhundert wurde im 18. Jahrhundert zu

einer stattlichen Residenz ausgebaut. Repräsentative Innenräume und ein barocker Garten vermitteln anschaulich die höfische Lebenskultur. Die Anlage diente als Wohn- und Regierungssitz der Fürsten zu Nassau und kann ganzjährig besichtigt werden. Schlossführungen dauern ca. zwei Stunden. Die Schlosskirche sowie der Hof sind jedes Jahr die Kulisse für die Weilburger Schlosskonzerte, die weltweit Beachtung finden. ➦ *S.83*
Schlossplatz • 35781 Weilburg • Tel. +49(0)6471-91270
info@schloesser-hessen.de • www.schloesser-hessen.de

links: Schloss Weilburg
oben: einziger Schiffstunnel Deutschlands in Weilburg

oben und rechts:
Schloss Braunfels

Schloss Braunfels

Auf der Spitze eines Basaltfelsens gelegen, thront Schloss Braunfels mit seiner zinnenreichen Silhouette wie ein Märchenschloss und wird oft mit Neuschwanstein verglichen. Es befindet sich seit achthundert Jahren im Familienbesitz. Viele kulturelle Veranstaltungen und interessante Führungen. Café im Schloss vorhanden.
Ebenfalls sehenswert ist die historische Altstadt mit den reichverzierten Fachwerkhäusern rund um das zauberhafte Marktplatzensemble aus dem 17. Jahrhundert.
In den Anlagen • 35619 Braunfels • Tel. +49(0)6442-5002
info@schloss-braunfels.de • www.schloss-braunfels.de
Öffnungszeiten 1. April bis 31. Oktober: täglich Führungen, keine Ruhetage. Ab 11.00 Uhr jeweils zur vollen Stunde; Familienführungen ggfs. zur halben Stunde, sonst nach Voranfrage.

Öffnungszeiten ab 1. November bis 31. März: an Wochenenden, Feiertagen und in den hessischen Schulferien Führungen jeweils ab 11.00 Uhr geöffnet (auch Weihnachten!).

Burg Laurenburg

Burg Laurenburg

Die Burg Laurenburg wurde erstmals 1093 erwähnt. Erbaut von „Dudo Comes de Lurenburch" ist sie der eigentliche Stammsitz der Nassauer. Von hier stammen die Vorfahren des niederländischen Königshauses und der Großherzöge von Luxemburg. Sie bietet einen fantastischen Blick über das Lahntal und auf die Höhen von Westerwald und Taunus. Die mittelalterliche Burg Laurenburg erlebte eine ereignisreiche und wechselvolle Geschichte. Nach der Zerstörung im Dreißigjährigen Krieg blieb sie Ruine und verfiel

immer mehr, bis sie vom jetzigen Burgherrn gekauft wurde. Sein Lebenswerk ist die Erhaltung der mächtigen Anlage. Im Bergfried befindet sich ein Militariamuseum mit Helmen, Säbeln und Schusswaffen.
An der Straße nach Scheid • 56379 Diez-Laurenburg
Tel. +49(0)6439-6601
Ganzjährig 10–18 Uhr geöffnet • Dienstag Ruhetag

Grafenschloss Diez mit Regionalmuseum

Das Grafenschloss beherbergt eine der schönsten Jugendherbergen Deutschlands, ein Bistro und das Regionalmuseum, das den Besuchern Einblicke in das Leben und die Entwicklung der Stadt und ihrer Umgebung ermöglicht. In den Räumen der teilweise mittelalterlichen Burganlage werden Vor- und Frühgeschichte, Stadtgeschichte und die Geschichte des Schlosses und seiner Bewohner präsentiert.

Grafenschloss Diez

Schlossberg 8 • 65582 Diez • Tel. +49(0)6432-507467
leitung@museumdiez.de • www.museumdiez.de
Di–Fr. 9–12 und 14–17 Uhr • Sa+So 14–17 Uhr

Museum Nassau-Oranien im Schloss Oranienstein

Die prachtvolle barocke Schlossanlage, 1672–1684 auf den Ruinen des ehemaligen Benediktinerinnenklosters Dirstein entstanden, ist eines der Stammschlösser des niederländischen Königshauses. Im Rahmen von Führungen können blau-goldener Saal, Marschallsaal, Gartenkabinett, Schlosskapelle, Gartenterrasse und das Museum Nassau-Oranien besichtigt werden. Im Laufe seiner wechselvollen Geschichte war Oranienstein unter anderem Sitz einer Kadettenanstalt und einer Nationalpolitischen Erziehungsanstalt und nach beiden Weltkriegen französisch besetzt. 1962 ging das Schloss in das Eigentum der Bundesrepublik Deutschland über. Die

Schloss Oranienstein

feierliche Übergabe an die Bundeswehr im gleichen Jahr war verbunden mit der Eröffnung des Museums Nassau-Oranien.
Jährlich finden hier die bekannten Oraniensteiner Konzerte statt.
↪ *www.oraniensteiner-konzerte.de.*
Schloss Oranienstein • 65582 Diez • Tel. +49(0)6432-9401666
leitung@oranienstein.de • www.oranienstein.de
Besichtigung und Führung: 1.4.–31.10.: Di–Fr 9, 10.30, 14 Uhr
Sa: 10.30, 14 und 15.30 Uhr, So 14 und 15.30 Uhr
1.11.–31.3.: Di–Fr 9, 10.30, 14, 15.30 Uhr
Sa und So nur nach telefonischer Anmeldung

Die Lahn bei Balduinstein

Schloss Schaumburg

Beeindruckendes neugotisches Schloss. Erste Erwähnung im Jahr 1194. Die heutige Schlossanlage wurde im Stil der englischen Neugotik für den Erzherzog Stefan von Österreich erbaut. Der lang gestreckte Innenhof wird von achteckigen Türmen flankiert und ist schachbrettförmig gepflastert. Ein zweiundvierzig Meter hoher Hauptturm bietet einen herrlichen Blick über das Limburger Becken bis weit in den Westerwald hinein. 1983 Verkauf der Anlage an einen Privatinvestor.

Schloss Schaumburg

Historische Plätze

Gedenkstätte Hadamar

Geistig behinderte und psychisch kranke Menschen, sogenanntes „unwertes Leben", wurden ab Mitte 1939 aufgrund eines Beschlusses höchster Nazikreise systematisch ausgerottet. Die Täter bezeichneten diese geplanten Mordaktionen, die bis Kriegsende ca. 300.000 Menschen das Leben kosteten, als „Euthanasie".
In der ehemaligen Landesheilanstalt Hadamar, seit Kriegsbeginn als Reservelazarett genutzt, wurde das Gebäude 906 Ende 1940 zu einer Tötungsanstalt umgebaut. Eingefügt wurden eine Gaskammer, ein Sezierraum und zwei Verbrennungsöfen. Außerdem auch eine Busgarage für die ankommenden Patientinnen und Patienten aus den „Zwischenanstalten" (Andernach, Eichberg, Galkhausen, Herborn, Idstein, Scheuern, Weilmünster, Weinsberg und Wiesloch). Graue Busse gehörten von da an zum Straßenbild und brachten die Opfer nach Hadamar. Sie mussten dort aussteigen und weiter ins Hauptgebäude gehen. Nach der Entkleidung wurden sie dem Arzt vorgeführt, der anhand der mitgebrachten Patientenakte eine angeblich natürliche Todesursache für die später auszustellende Sterbeurkunde festlegte. Danach geleiteten Schwestern und Pfleger die Patienten in die im Keller gelegene Gaskammer. Dort erfolgte dann die Vergasung. Sogenannte „Brenner" beseitigten die Leichen anschließend in den beiden Krematoriumsöfen und den Angehörigen wurde ein „Trostbrief" geschickt, der sie über das plötzliche Ableben informierte und den Tod als eine Erlösung darstellte. Insgesamt 15.000 Menschen wurden im Rahmen der NS-„Euthanasie"-Verbrechen in Hadamar ermordet.

Blick auf den Standort des Krematoriums im Keller der ehemaligen Tötungsanstalt Hadamar

Eine ausführliche und informative Homepage klärt über die in Hadamar begangenen Verbrechen auf. Der Besuch der Gedenkstätte ist empfehlenswert!

Außenansicht der Busgarage im Hof

Mönchberg 8 • 65589 Hadamar • Tel. +49(0)6433-917172
gedenkstaette-hadamar@lwv-hessen.de
www.gedenkstaette-hadamar.de
Di–Do 9–16 Uhr (außer an Feiertagen) • Fr 9–13 Uhr (außer an Feiertagen)
1. Sonntag im Monat 11–16 Uhr mit einer öffentlichen Führung um 14.30 Uhr

Limesturm Zugmantel 3/15 (Taunusstein) und Limesturm Dasbach 3/26 (Idstein)

Im Jahr 2005 wurden die Überreste der römischen Grenzanlage Limes zum UNESCO-Weltkulturerbe ernannt. Es befinden sich zwei Rekonstruktionen alter Wachtürme in der Nähe von Limburg: Der „Limesturm Zugmantel 3/15" und der „Limesturm Dasbach 3/26".

Die Rekonstruktion des steinernen Wachturms 3/15 sowie eines Limesabschnitts mit Wall, Graben und Palisadenzaun liegt direkt an der B 417 von Limburg nach Wiesbaden (kurz vor dem Abzweig nach Taunusstein-Orlen) und ist leicht zu finden. Die Einfahrt zum Parkplatz ist unmittelbar hinter dem von der Straße aus zu sehenden Turm auf der linken Seite. Von dort aus startet auch ein Rundwanderweg, der einen großen Teil der alten Kastellanlage erschließt und den derzeitigen Stand der Forschung zeigt. Der Limes ist hier nach Osten auf einer Strecke von zwei Kilometern gut zu verfolgen. Um 90 n. Chr. Errichtung des Numeruskastells aus Holz zunächst auf einer Fläche von einem dreiviertel Hektar und später auf zwei Hektar vergrößert.

rechts: authentische Rekonstruktion des Limesturms bei Idstein-Dasbach
oben: Limes bei Taunusstein (Nachbildung)

Das Kastell ist von einem Lagerdorf, mehreren Heiligtümern und zwei Amphitheatern umgeben. Reste sind teilweise noch heute gut sichtbar. Diese Anlage war das kleinste Kastell einer berittenen Kohorte in Obergermanien.

Ein Heimatmuseum zum Thema Limes befindet sich im Hofgut Georgenthal in Hohenstein, zwischen Strinz-Margarethä und Wingsbach.
Geführte Wanderungen, Führungen, Info- und Themenabende über das Leben und Arbeiten der Römer vor zweitausend Jahren am Limes sind möglich.
Außerdem Einstieg in den Aar-Höhenwanderweg (➦ *S. 137*), der in drei Etappen über Bad Schwalbach nach Limburg führt (62 km). Radwandern auf dem Limesradweg nach Limburg ist ebenfalls möglich.
Die nach Auffassung von Historikern authentischste Rekonstruktion eines römischen Wachturms, fertiggestellt im Jahr 2002, findet sich in Idstein-Dasbach. Der Turm hat eine Höhe von rund dreizehn Metern und eine Grundfläche von rund achtundzwanzig Quadratmetern. Die drei Stockwerke sind über Treppen begehbar. Die Römer benutzten dazu Leitern. Im Turm lebten zwei bis sechs Auxiliarsoldaten (römische Hilfstruppen), die monatlich abgelöst wurden. Grenzübertritte signalisierten sie durch rote Fahnen, Hornsignale oder Fackeln an die Nachbartürme bis zu den nächsten Kastellen.
➦ *www.hofgut-georgenthal.de.*
➦ *www.naturpark-rhein-taunus.de und www.limesstrasse.de*

Römerforum und Limes bei Waldgirmes
1990 fand eine Spaziergängerin am nordwestlichen Ortsrand von Waldgirmes römische und germanische Keramik aus der Zeit um Christi Geburt. Diese Funde führten in der Folge zu großflächigen Ausgrabungen, in deren Verlauf dann eine ca. acht Hektar große Stadtgründung, leicht trapezförmig mit abgerundeten Ecken, aus der Zeit des römischen Kaisers Augustus entdeckt wurde. Holzfunde lassen den Schluss zu, dass die Gründung der Anlage spätestens 4 v. Chr. erfolgte.
Verschiedene Funde, zum Beispiel ein über zweitausend Quadratmeter großes Gebäude auf einem Steinfundament im Zentrum, lassen weiterhin den Schluss zu, dass es sich wohl um den Sitz einer städtischen Verwaltung handelte.
Sensationell ein Fund im Sommer 2009: der vergoldete, bronzene Kopf eines Pferdes, der Teil des Reiterstandbildes war, das auf dem Innenhof des Forums stand. Der filigran gearbeitete Pferdekopf ist wegen seiner

Einmaligkeit auf einer Stufe mit der Himmelsscheibe von Nebra und dem Keltenfürsten vom Glauberg anzusiedeln. Besichtigung ab ca. 2011 in Waldgirmes.

© Peter Schepp

Vergoldeter Bronzekopf eines Reiterstandbildes

Das Gelände ist frei zugänglich und kann jederzeit kostenlos besichtigt werden. Ab fünf Personen führt der Förderverein nach Anmeldung Gruppenführungen durch (30 Euro, empfehlenswert). Auf der Ausgrabungsstätte befinden sich die rekonstruierten Grundmauerwerke des Forumsgebäudes und in der Mitte die künstlerische Nachbildung des Reiterstandbildes von Kaiser Augustus.
Schellerstr. (Waldgirmes West) • 35633 Lahnau-Waldgirmes
Tel. +49(0)644-65240
roemerforum@t-online.de • www.roemerforum-lahnau.de

Naturdenkmäler, technische Denkmäler und Museen

Lahn-Marmor-Museum

Lahn-Marmor-Museum

Museum zum Thema Marmor, dem Abbruch und der Verarbeitung. Besichtigung des Naturdenkmals Steinbruch Unica ist ebenfalls möglich.
Der Ort Villmar, nahe Limburg, und seine Umgebung sind das Zentrum des Lahnmarmors, eines wegen seiner reichen Farbigkeit hoch geschätzten polierfähigen Kalksteins. Entstanden ist der Lahnmarmor vor rund dreihundertachtzig Millionen Jahren und findet vielfache Verwendung an „prominenten" Stellen, so z. B. in den berühmten Epitaphien des Mainzer Doms, beim einzigen Apostelgrab nördlich der Alpen in der Abtei St. Matthias in Trier, außerdem im barocken Marmorbad des Weilburger Schlosses, in der Klosterkirche Amorbach, im Berliner und Würzburger Dom, in der Eremitage in St. Petersburg und im Kreml sowie in der Eingangshalle des Empire State Buildings in New York.
Den Lahnmarmor kann man auch im offenen Museum, einem aus zwei Rundwegen zusammengesetzten Spaziergang, entdecken. Ausgehend von der König-Konrad-Halle in Villmar und der Freiluftausstellung an der Lahn,

führt der Weg am Kriegerdenkmal vorbei zum Brunnenplatz, zu der Kirche und zur Valeriuspforte. Einen Besuch lohnen auch die drei Steinbrüche Kissel, Wieshohl und Unica. Letzterer ist auf der dem Ort gegenüber liegenden Lahnseite gelegen und als Naturdenkmal ausgewiesen. Dorthin gelangt man über die 1894/95 errichtete Lahnbrücke, auf der seit 1996 die Statue des Johannes von Nepomuk – aus Wirbelauer Marmor – steht. Ein etwas

Naturdenkmal Steinbruch Unica in Villmar

größerer Rundweg führt über den Limburger Weg und bietet neben wunderschönen Landschaftseindrücken vor allem Wegkreuze aus Lahnmarmor. Für 2012 ist die Eröffnung eines Lahn-Marmor-Museums am Villmarer Bahnhof geplant. Auf siebenhundert Quadratmetern soll über die Entstehung des Gesteins, den Abbau, die Verarbeitung und Verwendung des edlen Materials informiert werden.

Rathaus Am Brunnenplatz • Peter-Paul-Str. 39–41 • 65606 Villmar
Tel. +49(0)6482-607720
info@lahn-marmor-museum.de • www.lahn-marmor-museum.de
1. Sonntag im Monat von 14–17 Uhr

Terrakotta-Armee Weilburg

Einer der großartigsten Funde in der weltweiten Geschichte der Archäologie ist die Terrakotta-Armee des ersten Kaisers von China, Qin Shi Huang Di (259–210 v. Chr.), in Xi An. Die Terrakotta-Armee ist eine gewaltige tönerne Streitmacht mit Tausenden von bewaffneten Kriegern, Pferden und Wagen, die dem Kaiser auch im Jenseits uneingeschränkte Macht garantieren sollte.

Die größte Dauerausstellung dieser Tonkrieger außerhalb Chinas, mit über dreihundertfünzig Kriegern, vierundzwanzig Pferden, vier Streitwagen und zwei Kaisergespannen in Bronze sowie Waffen, Antiquitäten und anderen Dokumenten rund um das sogenannte Achte Weltwunder befindet sich in Weilburg. Alle in der Ausstellung gezeigten Exponate wurden in China nach einer alten Herstellungsmethode in Handarbeit nachgebaut. Die Ausstellung zeigt auch Antiquitäten, Waffen und Dokumente rund um das Mausoleum des Kaisers Qin Shi Huang Di und, einmalig in Europa, einen sechsundzwanzig Meter langen, originalgetreuen Nachbau der Chinesischen Mauer.

Terrakotta-Armee in Weilburg

Viehweg 6 • 35781 Weilburg • Tel. +49(0)6471-516590
info@terrakotta-armee-weilburg.de • www.terrakotta-armee-weilburg.de
April–Oktober: Mo–So 10–18 Uhr • Winter: siehe Homepage

Kubacher Kristallhöhle

Bizarre Eisgebilde, Tausende Fledermäuse, gigantische Tropfsteine, Dutzende Höhlen sind in der einzigen Kristallhöhle Deutschlands nahe Weilburg zu sehen. Umgeben von dreihundertfünzig Millionen Jahre altem Kalkstein, geschmückt mit unzähligen Kristallen und Perltropfsteinen, erhält man einen guten Einblick in erdgeschichtliche Vorgänge. Außerdem besitzt die Kristallhöhle mit ca. dreißig Metern Höhe die höchste Halle aller deutschen Schauhöhlen. Das Kubacher Höhlensystem entstand während der Eiszeit und konnte bisher nur zu einem kleinen Teil freigelegt werden. Sachkundige Führer erläutern während der ca. fünfundvierzig Minuten dauernden Besichtigung alles Wissenswerte.
Im Steinemuseum können die Besucher die auf unterschiedliche Weise

entstandenen Gesteinsarten aus verschiedenen Epochen der Erdgeschichte eingehend betrachten. Die bis zu zwölf Tonnen schweren Gesteinsblöcke sind nach Art ihrer Entstehung angeordnet und mit verschiedenfarbigen Schildern gekennzeichnet. Gastronomie vorhanden.

Kubacher Kristallhöhle

Auf dem Kalk 1 • 35781 Weilburg-Kubach • Tel. +(0)6471-94000
hoehlenverein@kristallhoehle.de • www.kubacherkristallhoehle.de
Führungen ca. März bis November

Grube Fortuna, Solms-Oberbiel

Besucherbergwerk Grube Fortuna

Das Eisenerzbergwerk bietet einen atemberaubenden Einblick ins Innere der Erde und zeigt im Originalzustand faszinierende alte Bergmannstraditionen in einem Erzbergwerk. Ein Förderkorb bringt die Besucher auf einhundertfünfzig Meter Tiefe, dann geht es weiter mit der Grubenbahn in die ehemaligen Abbauräume der Grube Fortuna. Eine einstündige Führung unter sachkundiger Leitung von Bergleuten vermittelt die Technik und die Arbeitsabläufe im ehemaligen Eisenerzbergwerk.

Unbedingt zu empfehlen ist die große Grubenführung! Da sie auch in alte und nicht beleuchtete Bereiche führt, sollte man gut zu Fuß sein.

Angeschlossen an die Grube ist das Feld- und Grubenbahnmuseum mit einer der interessantesten Sammlungen von Fahrzeugen der Spurweite 600 mm. Bemerkenswert ist nicht nur der Umfang, sondern auch die Vielfalt der Sammlung. Fahrten mit den Schmalspurbahnen sind möglich.

35606 Solms-Oberbiel • Tel. +49(0)6441-4071820
info@grube-fortuna.de • www.grube-fortuna.de
Führungen ca. März bis November

Tertiär- und Industrie-Erlebnispark Stöffel

Im Herzen des Westerwalds, nur wenige Kilometer von Limburg entfernt, liegt eine ganz besondere Schatzkammer: der Tertiär- und Industrie-Erlebnispark Stöffel mit einer der weltweit bedeutendsten Fossillagerstätten und einem einmaligen Industrieensemble. Fünfundzwanzig Millionen Jahre Erdgeschichte werden hier lebendig, erhalten in den Ablagerungen eines Maarsees. Und mehr als einhundert Jahre Industriegeschichte werden wach, dokumentiert am Basaltabbau und an der Basaltverarbeitung. Drei Erlebnisräume, ein See und ein einzigartiges Freigelände bilden die fantastische Kulisse für einen spannenden Ausflug.

Tertiär- und Erlebnisindustriepark Stöffel

Stöffelstr. • 57647 Enspel • Tel. +49(0)2661-980980-0
info@stoeffelpark.de • www.stoeffelpark.de
Täglich von 10–18 Uhr geöffnet
November bis Februar: 10–17 Uhr, Mo Ruhetag

Keramikmuseum Westerwald

Deutsche Sammlung für Historische und Zeitgenössische Keramik
Auf etwa zweitausend Quadratmeter Ausstellungsfläche zeigt das im Jahr 1982 fertiggestellte Keramikmuseum Westerwald Arbeiten aus der mehr als fünf Jahrhunderte währenden Geschichte der Keramik. Schwerpunkt ist die ständige Sammlung des in der Kannenbäckerregion gefertigten salzglasierten Steinzeugs.
Lindenstr. 13 • 56203 Höhr-Grenzhausen • Tel. +49(0)2624-946010
info@keramikmuseum.de • www.keramikmuseum.de
Di–So 10–17 Uhr

Salzglasiertes Westerwälder Steinzeug

Städtetrips

Ausflüge vom ICE-Bahnhof Süd

Seit 2002 hat Limburg auch einen ICE-Bahnhof. Durch die schnellen Verbindungen in alle Richtungen sind Tagesausflüge in die Frankfurter Innenstadt, nach Wiesbaden und zum Airport Frankfurt sowie nach Köln möglich. Vom innerstädtischen Bahnhof (Südseite) fahren vor Abfahrt und nach Ankunft der Züge kostenlose Pendelbusse in die Stadt bzw. zum ICE-Bahnhof.
Fahrplan der Pendelbusse auf www.limburg.de
Fahrplan und Tickets auf www.bahn.de

LIMBURG

Der Geopark Westerwald-Lahn-Taunus-Dill

Weltweit werden seit einigen Jahren geowissenschaftlich bedeutsame Gegenden als Geoparks ausgewiesen. Sie umfassen dabei Landschaften und Gebiete, die besondere Einblicke in die Erdgeschichte, die Kultur und das Handwerk einer Region ermöglichen. Geoparks unterliegen keinem Schutz, sondern erhalten ein Gütesiegel, das keine Restriktionen mit sich bringt. Die Leitlinien sehen jedoch eine ökologisch und ökonomisch nachhaltige Entwicklung der Region unter Wahrung, aber auch Nutzung des besonderen erdgeschichtlichen Erbes vor und sollen den Menschen die Entwicklungsgeschichte des Planeten am konkreten Beispiel zeigen.
Kalk, Marmor, Basalt, Ton und Eisenerz prägen den Geopark Westerwald-Lahn-Taunus-Dill. Die Lahn, im 19. Jahrhundert ein wichtiger Transportweg für diese Materialien, verbindet Westerwald und Taunus. Der frühere Abbau dieser Bodenschätze macht es heute im Geopark an vielen Stellen möglich, einen tiefen Einblick in die Erdgeschichte zu nehmen. Vor allem, weil das Gebiet inmitten eines riesigen urzeitlichen Meeresbeckens liegt, aus dem einstmals gigantische Vulkane emporwuchsen.
Einige der aufgeführten Ausflugsziele gehören zum 2010 neu gegründeten Geopark Westerwald-Lahn-Dill-Taunus und unterhalten Informationszentren.

Mehr Infos zum Geopark:
www.mobileslandschaftsmuseum.de/geopark.htm
www.landkreis-limburg-weilburg.de

ICE-Bahnhof Limburg-Süd

Tierparks

Tierpark Weilburg

Bereits 1590 hielt Graf Albrecht von Nassau und Saarbrücken Damwild östlich von Weilburg. 1685–1688 ließ Graf Johann das Gelände als Tiergar-

ten anlegen. Viele Tierarten, u. a. Wisente, Auerochsen, Rothirsche, Elche, Wildschweine, Steinböcke, Mufflons, Wölfe, Luchse, Wildkatzen, Fischotter, Damwild, Wildpferde und als besondere Attraktion Braunbären, sind dort artgerecht untergebracht. Gastronomie vorhanden. Ebenfalls auf dem Gelände ein großer Spielplatz.
Kampweg 1 • 35781 Weilburg • Tel. +49(0)6471-62934-0
forstamtweilburg@forst.hessen.de • www.hessen-forst.de
Ganzjährig geöffnet

Wild- und Freizeitpark Westerwald in Gackenbach

Wild- und Freizeitpark Westerwald

Das fünzig Hektar große Gelände, 1968 angelegt, liegt in einer idyllischen, wildromantischen Landschaft nahe Limburg. Attraktion des Parks sind die Braunbären, Wisente, Alpakas und eine Streicheltierwiese. Weitere Anziehungspunkte: die Sommerrodelbahn, eine Mobilbahn, der Kinderspielplatz und Trampoline. Gastronomie vorhanden.

Wildparkstr. 1 • 56412 Gackenbach • Tel. +49(0)6439-233
info@wild-freizeitpark-westerwald.de
www.wild-freizeitpark-westerwald.de
Sonntag vor Ostern bis 1. Nov. 9–18 Uhr

Vogelburg

Im Weilroder Ortsteil Hasselbach ist der Papageienpark seit über fünfundzwanzig Jahren ein beliebtes und lohnendes Ausflugsziel für Jung und Alt. Entstanden ist die Vogelburg 1981 auf private Initiative eines Vogelliebhabers, der sich aus familiärer Tradition schon jahrzehntelang der Pflege und Zucht von Papageien widmete. Hier sollen keine bunten Vögel zur Schau gestellt werden, denn nicht das kommerzielle Interesse steht im Vordergrund, vielmehr geht es um den Schutz und die artgerechte Haltung der Papageien sowie anderer exotischer Vögel. Gastronomie vorhanden.
Vogelpark 1 • 61276 Weilrod/Taunus • Tel. +49(0)6083-10 40
info@vogelburg.de • www.vogelburg.de
Ganzjährig geöffnet • im Winter nur So und Feiertage

WANDERN / RADWANDERN / WASSERWANDERN

Limburg eignet sich hervorragend als Ausgangspunkt für alle Aktivitäten zu Fuß, zu Rad und zu Wasser. Aber selbst wenn Limburg nur Etappenziel ist, sollte man am besten ein paar Tage Aufenthalt einplanen, um diese lebendige Stadt mit ihrer Umgebung näher kennenzulernen.
Die vorgeschlagenen Routen befinden sich überwiegend rund um Limburg, sind mit öffentlichen Verkehrsmitteln leicht zu erreichen und ermöglichen so meistens die problemlose Rückfahrt zum Ausgangspunkt Limburg.

Allgemeine Informationen:

Touristeninformation
Verkehrsverein Limburg
Bahnhofsplatz 2 • 65549 Limburg • Tel. +49(0)6431-6166
vvv-limburg@t-online.de • www.limburg.de

Fremdenverkehrsverband
Ferienland Westerwald-Lahn-Taunus e. V.
Schiede 43 • 65549 Limburg • Tel. +49(0)6431-296-221
ferienland.wlt@limburg-weilburg.de • www.landkreis-limburg-weilburg.de

Touristeninformation Diez
Wilhelmstr. 63 • 65582 Diez/Lahn • Tel. +49(0)6432-501-275
mail@urlaubsregion-diez.info • www.urlaubsregion-diez.info

Lahntal Tourismus-Verband e. V.
Brückenstr. 2 • 35576 Wetzlar • Tel. +49(0)700LAHNTAL auf den Nummerntasten oder +49(0)700-5246825
info@daslahntal.de • www.daslahntal.de

Lahn-Taunus-Touristik e. V.
Obertal 9a • 56377 Nassau • Tel. +49(0)2604-951991
info@nassau-touristik.de • www.nassau-touristik.de und www.lahn-taunus.de

Tourismuszentrale Hessen
Abraham-Lincoln-Str. 38–42 • 65189 Wiesbaden
Tel. +49 (0) 611-774-8091
info@hessen-tourismus.de • www.hessen-tourismus.de

RMV-Mobilitätszentrale Limburg
Bahnhofsplatz 2 • 65549 Limburg • Tel. +49(0)6431-203-248
mobil.zentrale@stadt.limburg.de • www.rmv.de
Kostenlose Karten und Infos zum Wandern, Radwandern und Wasserwandern

WANDERN

Das Lahntal hat sich in den letzten Jahren immer mehr zu einer abwechslungsreichen Wanderlandschaft entwickelt. Das dichte Wegenetz lässt auch individuellste Planungen zu. Viele Strecken wurden auf ein hohes Qualitätsniveau gebracht und bieten damit besonders erlebnisreiche Wanderungen in ruhiger und natürlicher Landschaftskulisse. Alle Qualitäts- und Premiumwege zeichnen sich durch eine hervorragende Markierung aus. Das Lahntal wartet mit einer Wander- und Kulturlandschaft, die vielfältiger und schöner nicht sein kann, auf. Neben waldreichen Pfaden bieten die Lahnwanderstrecken auch Wege mit weiten und atemberaubenden Aussichten, saftigen Weidelandschaften und lieblichen Hügel.

Permanenter Wanderweg **11 km**

Markierung: Gelber Aufkleber, PVC-Schilder mit schwarzer Schrift „IVV WF TUS Dietkirchen".

Der Weg führt vom Verkehrsamt Limburg durch die Altstadt und am Dom vorbei weiter zum Greifenberg nach Eschhofen. Am Bahnhofsdamm entlang über den Emsbach zur „Kurt van der Burg"-Fußgängerbrücke mit herrlichem Blick auf die Lubentiuskirche (*S. 115*) und weiter am Lahnufer, vorbei am Campingplatz zur Alten Lahnbrücke.

www.wf-dietkirchen.de

Permanenter Wanderweg **20 km**

Markierung: Gelber Aufkleber, PVC-Schilder mit schwarzer Schrift „IVV WF TUS Dietkirchen".

Dieser Weg führt vom Verkehrsamt Limburg durch die Altstadt und am Dom vorbei weiter zum Tal Josaphat nach Linter. Von dort geht es am Waldrand entlang zurück bis „Auf dem Guckucksberg" durch die Unterführung unter der B 8 hindurch auf den Greifenberg. Vorn dort aus wieder über Eschhofen zur „Kurt van der Burg"-Fußgängerbrücke mit herrlichem Blick auf die Lubentiuskirche (*S. 115*), an der Lahn entlang, vorbei am Campingplatz zur Alten Lahnbrücke. www.wf-dietkirchen.de

Rundwanderweg von Runkel nach Villmar
„In den Steilhängen der Lahn" **13 km**

Markierung: gelber Aufkleber, Schilder mit schwarzer Schrift bzw. Schilder weiß mit rotem „S"

Einer der schönsten Wanderwege in Hessen! Er erstreckt sich zwischen Runkel und Villmar und ist in gut drei Stunden zu bewältigen. Über den Höhenrücken hoch über der Lahn, aber auch im Lahntal am Fluss entlang, über eine mit Marmor verkleidete dreibogige Brücke, zwei Burgen und eine Schleuse, vorbei an den Unica-Steinbrüchen und am Lahn-Marmor-Museum (*S. 124*) führt dieser außergewöhnliche Weg. Als Start und Ziel eignen sich die beiden Bahnhöfe der Lahnkommunen.

www.landkreis-limburg-weilburg.de und www.wf-dietkirchen.de

Weiltalweg von Schmitten nach Weilburg 47 km

Markierung: Weiltalweg-Logo

Der reizvolle Freizeitweg ist für Wanderer und Radfahrer gut ausgebaut und führt – immer an der romantischen Weil entlang – durch die Weiltalgemeinden: atemberaubende Ausblicke und vielfältige Eindrücke inklusive.

www.weiltalweg.de

Halfterweg von Diez nach Obernhof 19 km

Im 19. Jahrhundert wurden die Schiffe von Lahnstein aus mit Pferden auf der linken Lahnseite über den Leinpfad lahnaufwärts bis Weilburg von den Treidlern („Halfterer") gezogen. Da die Schiffe lahnabwärts, mit der Strömung fahrend, keine Pferde brauchten, wurden diese dann auf dem Leinpfad ohne Last zurückgeführt.

Der Weg ist heute in Anlehnung an die ehemalige Wegeführung durchgehend markiert. Sehenswert ist die Diezer Altstadt mit dem Grafenschloss aus dem 11. Jahrhundert und den malerischen Fachwerkhäusern. Der Herthasee präsentiert sich als landschaftliches Idyll. In Obernhof wird in den Steillagen Lahnwein angebaut. Einen Abstecher wert ist das Kloster Arnstein. In der alten Prämonstratenserabtei hoch über der Lahn leben und arbeiten seit 1919 Ordensleute von den Heiligsten Herzen. Von Mai bis Oktober kulturelle Veranstaltungen.

www.arnsteiner-patres.de • www.urlaubsregion-diez.info

Lubentiusweg von Balduinstein nach Hirschberg 8 km

Der Überlieferung zufolge gilt der heilige Lubentius, der im 4. Jahrhundert als Priester in Kobern an der Mosel wirkte, auch als Apostel und Missionar der unteren Lahn-Region.

Nach der Legende geriet der Heilige auf einer seiner Wanderungen von Balduinstein auf die bewaldeten Höhen bei Hirschberg in ein undurchdringliches Dickicht, aus dem er keinen Ausweg mehr fand. Plötzlich trat ein stolzer Hirsch aus dem Gebüsch und führte ihn zurück auf den richtigen Weg. Aus Dankbarkeit für die wundersame Errettung gab er dem nahe gelegenen Dorf den Namen „Hirschberg".

Der Lubentiusweg führt von Balduinstein über Langenscheid, oberhalb des Daubachs entlang, bis nach Hirschberg. Anbindung an den Halfterweg (Diez – Obernhof).
www.urlaubsregion-diez.info

Wandertipps rund um den Lubentiusweg **16 km**

Der Lubentiusweg ist in Verbindung mit dem Halfterweg eine wunderbare Ganztagestour mit vielen landschaftlichen Höhepunkten. Sie führt von Balduinstein nach Diez. Die Tour lässt sich wunderbar mit einer Schifffahrt kombinieren. Die Rückfahrt nach Limburg (Ankunft ca. 17.30 Uhr) kann ab Diez (Abfahrt 16.05 Uhr) oder Balduinstein (Abfahrt 15.20 Uhr) mit der „Wappen von Limburg" (Fahrplan auf www.lahnschiffahrt.de) erfolgen.
Die Wanderung ist auch in umgekehrter Reihenfolge möglich.
www.urlaubsregion-diez.info

Kirchweg von Eppenrod nach Holzappel/Herthasee **10 km**

Eppenrod auf der Höhe des unteren Westerwaldes und Isselbach im Gelbachtal gehörten im Mittelalter zur „Vogtei Isselbach". Die erste gemeinsame Kirche ist die bis heute erhaltene, gut achthundert Jahre alte Wehrkirche in Eppenrod. Damals war es für die Kirchgänger aus Isselbach selbstverständlich, die Strecke nach Eppenrod zu Fuß auf dem „Kirchweg" zurückzulegen.
Der Kirchweg führt heute von Eppenrod nach Isselbach und in einer Erweiterung durch das Gelbachtal bis nach Kirchähr, von dort auf die Höhe zum Aussichtspunkt „Maria Ruh", weiter durch Horhausen zum Herthasee. Anbindung an die weiteren Regionalwanderwege „Halfterweg" (Diez – Obernhof) und „Burgweg" (Holzappel – Laurenburg).
www.urlaubsregion-diez.info

Grubenwanderweg von Laurenburg nach Holzappel **5 km**

Im Holzappeler Bergwerk, zentral zwischen Holzappel, Dörnberg und Laurenburg auf Dörnberger Gemarkung gelegen, wurden von 1751 bis 1952 vor allem Silber, Blei und Zink gefördert. Außer aus zahllosen Nebenschächten und Stollen bestand es aus zwei Hauptschächten, einem Blindschacht und fünfundzwanzig Tiefbausohlen. Die Streckenlänge unter Tage betrug fünfundvierzig Kilometer.
Heute führt ein Wanderweg ab Laurenburg über die Halde mit einem herrlichen Aussichtspunkt über das Lahntal und das ehemalige Bergwerksgelände. Ein Lehrpfad ist dem Wanderweg angeschlossen und vermittelt dem Wanderer durch Schautafeln und Nachbauten einen Eindruck vom Bergbau. Der Grubenwanderweg endet in Holzappel am Marktplatz. Anbindung an den Burgweg.
www.urlaubsregion-diez.info

Burgweg von Holzappel/Herthasee nach Laurenburg 6 km

Der Burgweg zwischen Holzappel und Laurenburg verläuft auf den Spuren der mittelalterlichen Ritter und Händler und führt unmittelbar zu dem restaurierten Bergfried mit einer sehenswerten Militariasammlung. Von der Aussichtsplattform hat man einen herrlichen Blick ins Tal.
↪ *www.urlaubsregion-diez.info*

Etappe des Aar-Höhenwegs von Orlen, Römerkastell nach Diez/Limburg 62 km

Bereits zur Römerzeit war der Aar-Höhenweg eine Verbindung zwischen den Kastellen entlang des römischen Limes-Grenzwalls in der Region. Er führt von der Quelle der Aar im Stadtwald von Taunusstein-Orlen (Mehr Infos zum Limes, Kastell und Wachtturm ↪ *S. 122*) durch herrliche Wälder und Felder bis zur Mündung in die Lahn bei Diez. An der Strecke liegen Taunusstein, Bad Schwalbach, Hohenstein, Heidenrod, Aarbergen, Hahnstätten und Diez. Der Aar-Höhenweg stellt durch seine Steigungen und Gefällstrecken unterschiedliche Ansprüche an die Wanderer. „Einsteigen" kann man an vielen Stellen.
Die Etappen:
Etappe 1: Orlen – Bad Schwalbach 19 km • Etappe 2: Bad Schwalbach – Aarbergen 20 km • Etappe 3: Aarbergen – Diez 23 km
↪ *www.aar-touristik.de*

Lahn-Camino/Jakobsweg an der Lahn von Limburg nach Lahnstein 77 km

Lahn-Camino: gelbe Muschel auf blauem Grund / *Lahnhöhenweg:* weißes L auf schwarzem Grund, gelegentlich nur weißes L / *Lahnwanderweg:* „LW" (leicht geänderte Routenführung) / *Europäischer Fernwanderweg E1:* weißes Andreaskreuz (liegendes X) auf schwarzem Grund
Jeder Weg, der nach Santiago de Compostela zum Grab des hl. Jakobus im dortigen Dom führt, ist ein Jakobsweg. Der Jakobsweg entlang der Lahn, in Orientierung am Verlauf des Flusses von Wetzlar nach Lahnstein führend, ist ein solcher Weg und hat insgesamt eine Länge von einhundertzweiundvierzig Kilometer. Er benutzt – bis auf wenige Ausnahmen – die Route des Lahnhöhenweges auf der linken Flussseite. Eingeteilt ist er in sechs Etappen und auf fünf der Etappen ist bereits Goethe im Herbst 1772 von Wetzlar nach Bad Ems gewandert. Die Abschnitte ab Limburg gehören zu den landschaftlich reizvollsten der gesamten Tour.
Etappe 1: Limburg – Obernhof 31 km • Etappe 2: Oberhof – Bad Ems 24 km • Etappe 3: Bad Ems – Lahnstein 22 km
Verkehrsverbindung:
Die Etappenziele sind über das Streckennetz der Deutschen Bahn leicht erreichbar. Die durch das Lahntal führende Bahnverbindung (Koblenz – Gießen) ermöglicht problemlose Rückfahrten nach Limburg.
↪ *www.fernwege.de und www.lahnwanderweg.com*

Nützliche Adressen

Lahntours Aktivreisen GmbH
Lahntours-Aktivreisen organisiert Reisen im Lahntal. Die Angebotspalette reicht von Kanufahrten über Radfahren bis zu Wandertouren. Verleih von Kanus, Planung und Durchführung von Touren, auch von gemischten Touren Wasser/Rad. Umfassende Betreuung von der Anlieferung der Fahrräder/Kanus und des Gepäcks bis zum Rücktransport von und zu den Hotels.
Lahntours betreibt außerdem einen naturbelassenen Campingplatz in Runkel (Tel. +49(0)6482-911021) direkt an der Lahn. Von hier aus lassen sich Kanutouren auf dem Fluss oder Radtouren entlang des Lahn-Radwanderweges unternehmen. Anmietungen sind dort ebenfalls möglich.
Lahntalstr. 45 • 35096 Roth • Tel. +49(0)6426-92800
info@lahntours.de • www.lahntours.de

BIWAK Bike + Outdoor-Zentrum GmbH
Auf 1200 Quadratmetern alles rund um Rad, Boot, Trekking, Klettern.
Schaumburger Str. 1 • 65549 Limburg • Tel. +49(0)6431-9828-0
info@biwak.com • www.biwak.com

RADWANDERN

Viele interessante, bemerkenswerte und gut beschilderte Touren empfehlen sich für eine ausgiebige Radtour in der landschaftlich sehr reizvollen Umgebung rund um Limburg. Die vorgeschlagenen Routen befinden sich in unmittelbarer Nähe der Stadt, sind mit öffentlichen Verkehrsmitteln leicht zu erreichen und ermöglichen so meistens die problemlose Rückfahrt zum Ausgangspunkt Limburg.

Limburg – Eschhofen – Dietkirchen – Limburg **6 km**
Kleine Rundfahrt mit Blick auf den Dom, immer an der Lahn entlang. Start und Ziel ist die Alte Lahnbrücke. Über Eschhofen geht es weiter zur „Kurt van der Burg"-Fußgängerbrücke mit herrlichem Blick auf die Lubentiuskirche (↪ *S. 115*) und weiter an der Lahn, vorbei am Campingplatz zurück zur Alten Lahnbrücke.

Limburg – Diez – Balduinstein – Limburg **36 km**
Startpunkt ist wiederum die Alte Lahnbrücke, dann flussabwärts nach Diez, vorbei am Oraniensteiner Schloss (↪ *S. 120*), durch die Diezer Altstadt, weiter an der Lahn entlang, teilweise durch Wald nach Balduinstein – und zurück.

Limburg – Dietkirchen – Dehrn – Steeden – Runkel – Villmar – Runkel **30/40 km**
Alte Lahnbrücke, am rechten Lahnufer nach Dietkirchen (Blick auf die Lubentiuskirche ↪ *S. 115*), weiter nach Dehrn, Steeden und Runkel. Über die bekannte Marmorbrücke (↪ *S. 124*) nach Villmar und zurück. Alternative für die Rückfahrt ist die Strecke von Villmar nach Ennerich (starke Steigung) und Limburg.

Vom Dom in Limburg zum Hexenturm in Idstein **45 km**
Markierung: Hessischer Radfernweg R 8
Diese Route verbindet zwei schöne mittelalterliche Städte. Über das rechte Lahnufer, geht es nach Selters, Bad Camberg und Idstein. Überwiegend asphaltierte Radwege mit lediglich zwei starken Steigungen im Abschnitt Walsdorf – Wörsdorf. Rückfahrt mit der Bahn möglich.

Von Limburg nach Weilburg **35 km**
Markierung: Hessischer Radfernweg R 7
Von Limburg aus geht es auf dem gut ausgeschilderten, überwiegend asphaltierten Radweg über Runkel mit seiner mächtigen Burg (↪ *S. 117*), Villmar mit seinen Marmorbrüchen (↪ *S.124*) und der Marmorbrücke durch das waldreiche Lahntal nach Weilburg. Vorbei am unterirdischen Schiffstunnel aus dem 19. Jahrhundert. Rückfahrt mit der Bahn möglich.

Kerkerbachtal-Radweg 16 km

Markierung: Lokomotive

Der Radweg von Runkel nach Mengerskirchen führt durch das Kerkerbachtal und folgt überwiegend der Eisenbahntrasse der alten Kerkerbachbahn. Die Route ist nicht durchgehend asphaltiert, aber gut zu fahren.

Rund um den Knoten 32 km

Markierung: grüner Pfeil, roter Kreis

Radrundweg durch die wunderschöne Mittelgebirgslandschaft des Westerwaldes. Gut ausgebaut, streift die Route die idyllische Krombachtalsperre und das Naturschutzgebiet „Wacholderheide".

Aartalradweg 50 km

Überwiegend flach mit wenigen Steigungen, führt der Radweg von Limburg/Diez bis Aarbergen-Michelbach durch den sanfthügeligen Hintertaunus. Ab Laufenselden dann stark ansteigend über die Burg Hohenstein, die eine gute Rastmöglichkeit mit herrlichem Ausblick bietet. Über Bad Schwalbach nach Taunusstein wieder flacher. Auf der Strecke zahlreiche Sehenswürdigkeiten. Auch für Mountainbiker interessant.

↪ *www.aar-touristik.de*

Weiltalweg von Schmitten nach Weilburg 47 km

Markierung: Weiltalweg-Logo

Der reizvolle Freizeitweg ist für Wanderer und Radfahrer gut ausgebaut und führt – immer an der romantischen Weil entlang – durch die Weiltalgemeinden. Atemberaubende Ausblicke und vielfältige Eindrücke inklusive.

↪ *www.weiltalweg.de*

Etappe auf dem Lahntalradweg
„Das Lahntal – Der stille Traum der Natur" 48 km

Markierung: grünes Rad und Beschriftung „das Lahntal"

Diese Etappe auf dem insgesamt 245 Kilometer langen Lahntalradweg eignet sich gut für einen Tagesausflug und führt von Limburg/Diez nach Lahnstein. Von dort kann mit dem Zug zurückgefahren werden. Die Strecke führt meist flach durch das Lahntal und bietet hübsche Ausblicke auf die Lahn und die umgebende Landschaft.

↪ *www.urlaubsregion-diez.info*

Buckeltour 20 km

Von Limburg nach Diez zum Alten Markt führt die Strecke dann auf dem Aartalradweg weiter an Birlenbach vorbei über Hausen nach Balduinstein zum Lahntalradweg und zurück. Die gut ausgebaute Strecke hat mehrere starke Steigungen und Gefällstrecken.

↪ *www.urlaubsregion-diez.info*

Wald & Wiesentour 25 km

Von Limburg nach Diez zum Alten Markt, weiter auf dem Lahntalradweg über Aull, Hambach bis nach Görgeshausen, über Eppenrod nach Altendiez und auf dem Lahntalradweg zurück nach Diez/Limburg. Asphaltierte Wirtschaftswege und befestigte Waldwege mit Steigungen und Gefällstrecken.

↪ *www.urlaubsregion-diez.info*

FR-Mountainbiketour: „Biken beim Bischof" 47 km/52 km

Die „Frankfurter Rundschau"-Mountainbiketour Nr. 70 erkundet die Gegend um Limburg. Mit siebenundvierzig Kilometer Länge und kaum achthundert Höhenmetern eine leichte bis mittelschwere Rundtour, die fast genau auf der geografischen Grenze von Westerwald und Taunus entlangführt. Dabei enthält sie einige wirklich einmalige Bike-Kilometer: Hoch über der Lahn ziehen alte Pfade am steil abfallenden Ufer dahin, Fahrtechnisch sind dies echte Leckerbissen – allerdings ist bei regnerischem Wetter von der Route abzuraten. Fünf Kilometer länger und einhundert Höhenmeter mehr, dazu eine technisch anspruchsvolle Abfahrt, bietet eine Variante der Tour.
Die kompletten GPS-Daten sind auf der Homepage der FR erhältlich. Außerdem ist dort ein virtueller Flug über die Tour im 3D-Panorama zu sehen.
Limburg Bahnhof – Lahnuferweg – Dietkirchen – Casseler Hof – Niedertiefenbach – Beselicher Hof – Schupbach – Christianshütte – Hauptwald – Tiefenbachtal – Villmar – König-Konrad-Denkmal – Runkel – Burg Runkel – Eschhofen – Limburg.

↪ *www.fr-online.de/mtbtouren*

Nützliche Adressen

Lahntours Aktivreisen GmbH

Lahntours-Aktivreisen organisiert Reisen im Lahntal. Die Angebotspalette reicht von Kanufahrten über Radfahren bis zu Wandertouren. Verleih von Kanus, Planung und Durchführung von Touren, auch von gemischten Touren Wasser/Rad. Umfassende Betreuung von der Anlieferung der Fahrräder/Kanus und des Gepäcks bis zum Rücktransport von und zu den Hotels.
Lahntours betreibt außerdem einen naturbelassenen Campingplatz in Runkel (Tel. +49(0)6482-911021), direkt an der Lahn. Von hier aus lassen sich Kanutouren auf der Lahn oder Radtouren entlang des Lahn-Radwanderweges unternehmen. Anmietungen sind dort ebenfalls möglich.
Lahntalstr. 45 • 35096 Roth • Tel. +49(0)6426-92800
info@lahntours.de • www.lahntours.de

Zweirad-Center Meuer Limburg/Diez

Verkauf und Verleih von Qualitätsrädern, Hol- und Bringservice, genau zwischen Limburg und Diez gelegen. Fahrradreparaturwerkstatt.
Limburgerstr. 167 • 65582 Diez • Tel. +49(0)6432-934880
fahrrad@zweirad-meuer.de • www.zweirad-meuer.de
Mo–Fr 9–13+14–18.30 Uhr • Sa 9–14 Uhr (Okt.–Feb. 10–14 Uhr)

BIWAK Bike + Outdoor-Zentrum GmbH
Auf 1200 Quadratmetern alles rund um Rad, Boot, Trekking, Klettern.
Schaumburger Str. 1 • 65549 Limburg • Tel. +49(0)6431-9828-0
info@biwak.com • www.biwak.com

Lebenshilfe Limburg gGmbH
Fahrradwerkstatt und -laden. Beratung, Fahrradinspektion, Reparatur, Verkauf.
Eisenbahnstr. 1 • 65549 Limburg • Tel. +49(0)6431-993495
fahrradwerkstatt@lebenshilfe-limburg.de • www.lebenshilfe-limburg.de
Mo–Fr 9–12.30 Uhr • 13.30–18 Uhr • März–Dezember Sa 9–14 Uhr

Spezielle Radfahreradressen:

- www.lahn-radtouren.de
- www.topradreisen.de
- www.adfc.de
- www.bikemap.net

Preisgekröntes Unterwasserfoto von Eckhard Krumpholz

LIMBURG

Die Lahn

Die Lahn entspringt am Ederkopf im Rothaargebirge und mündet nach 242 Kilometern und einem Höhenunterschied von 567 Metern bei Lahnstein in den Rhein. Sie fließt dabei durch malerische Landschaften in einer traumhaften Kulisse und zählt zu einem der beliebtesten und schönsten Flüsse Deutschlands.

Die Lahn ist von Gießen bis zur Mündung eine Bundeswasserstraße mit neunundzwanzig Wehranlagen, zweiundzwanzig Einkammerschleusen, einer Koppelschleuse (zwei hintereinanderliegende Kammern) und einem 195 Meter langen Schifffahrtstunnel bei Weilburg. Fünfundzwanzig Kraftwerke säumen den Weg bis zur Mündung. Die Limburger Schleuse wurde 1857 fertiggestellt und hat bei einer Breite von 5,34 Metern eine Länge von 34 Metern.

Ab 1808 gewann die Lahn immer größere Bedeutung als Transportweg. Als Folge davon wurde in Limburg „In der Erbach" ein Anlandeplatz errichtet. Einige Meter weiter, an der Obermühle, Anlandung von Salz, dort diente die Zehntscheune als Lager. Am Philippsdamm – die Reste sind heute noch zu sehen – wurde ein Anlandeplatz für Früchte und Wasser errichtet (das berühmte Selters wurde von hier aus im 19. Jahrhundert in alle Welt exportiert).

1964 Ausbau des Flussbettes für 300-Tonnen-Schiffe, aber bereits 1981 endete die Zeit des Güterverkehrs auf der Lahn und heute wird der Fluss ausschließlich für die Freizeit-Schifffahrt genutzt.

Am 7. Februar 1984 kam es zu einem Jahrhunderthochwasser, das Schäden in Millionenhöhe verursachte. In der Nähe der Obermühle (↪S. 101) ist am Domfelsen eine Tafel angebracht, auf der die Hochwasserstände seit 1255 aufgezeichnet sind.

Einige Hinweise zum Wassersport auf der Lahn

Generelle Hinweise

Auch auf der Lahn gelten Regeln und Bestimmungen, die zur eigenen Sicherheit unbedingt beachtet werden sollten. Ein ausführliches Merkblatt für Wassersportler auf der Lahn ist auf der Seite der Wasser- und Schifffahrtsverwaltung des Bundes, www.elwis.de, dort unter Freizeitschifffahrt/Verkehrsvorschriften zu finden.

Ungeübte Wasserwanderer sollten sich unbedingt vom Vermieter in die Handhabung des Boots einweisen lassen, eine ausführliche Flussbeschreibung bei sich haben, Schwimmwesten tragen und wasserdichte Tonnen zum Verstauen von empfindlichen Geräten und der Kleidung zur Verfügung haben. Fahrplanmäßige Fahrgastschiffe und andere „Groß-Fahrzeuge" haben Vorrang vor Sportbooten.

Welches Boot?

Kanu ist der Oberbegriff für alle Boote ohne befestigtes Ruder, also sowohl Canadier als auch Kajaks.

Der Canadier eignet sich insbesondere für Wandertouren und bietet mehreren Personen mit Gepäck Platz. Er wird mit Stechpaddel bedient und ist offen. Der Kajak (für ein oder zwei Personen), meistens bis auf eine kleine Luke geschlossen, wird mit einem Doppelpaddel betrieben und ist insbesondere für kleine, schnelle Flüsse geeignet.

Ein- und Ausstiegsstellen in Limburg

Hinter dem Campingplatz in Limburg, direkt unter der Autobahnbrücke, befindet sich eine Ein- und Ausstiegsstelle, die auch für Autos gut erreichbar

ist. Außerdem ein WC sowie nebenan die Gaststätte des Campingplatzes. Die Innenstadt von Limburg ist ca. fünfzehn Fußminuten entfernt. Einkaufsmöglichkeiten am Kiosk des Campingplatzes und in der Innenstadt.

Das Anlanden von Paddelbooten ist ausschließlich an den ausgewiesenen Ein- und Ausstiegsstellen entlang der Lahn erlaubt. Der Beginn und das Ende einer Bootstour ist nur an diesen Stellen möglich. Bei reinen Rastplätzen besteht keine Zufahrtsmöglichkeit mit dem Auto.

Schleusen

Die Lahn verfügt insgesamt über dreiundzwanzig Schleusen, die auf unterschiedliche Art bedient werden. Auf der nicht voll ausgebauten Strecke von Gießen bis Steeden sind elf Schleusen mit einer Länge von 34 Metern und einer Breite von 4,40 bis 5,15 Metern vorhanden. Die Schleusen müssen von den Benutzern selbst bedient werden.

Auf der voll ausgebauten Strecke von Steeden (Lahn-km 70) bis Lahnstein befinden sich zwölf Schleusen von 34 bis 47 Meter Länge und 5,34 bis 6,30 Meter Breite. Diese Schleusungen werden durch Bedienungspersonal durchgeführt. Betriebszeiten beachten!

links und mitte: preisgekrönte Unterwasserfotos von Eckhard Krumpholz

Allgemeine Wasserwanderadressen

- www.kanutouristik.de
- www.wasserwandern.de
- www.deutschland-tourismus.de
- www.kanu.de

Hochwasser

Bei Hochwasser darf die Lahn nicht befahren werden. Die aktuellen Pegelstände können hier abgefragt werden:
Leun:
Tel. +49(0)6473-19429 (Badenburg Lahn-km 11 bis Steeden Lahn-km 70)
Kalkofen:
Tel. +49(0)6439-19429 (Lahn-km 70 bis Mündung in den Rhein);
Für die Pegel Leun und Kalkofen gilt ein höchster Schifffahrtswasserstand (HSW) von 360 cm.

Nützliche Adressen

Lahntours Aktivreisen GmbH

Lahntours-Aktivreisen organisiert Reisen im Lahntal. Die Angebotspalette reicht von Kanufahrten, über Radfahren bis zu Wandertouren. Verleih von Kanus, Planung und Durchführung von Touren, auch von gemischten Touren Wasser/Rad. Umfassende Betreuung von der Anlieferung der Fahrräder/Kanus und des Gepäcks bis zum Rücktransport von und zu den Hotels.
Lahntours betreibt außerdem einen naturbelassenen Campingplatz in Runkel (Tel. +49(0)6482-911021) direkt an der Lahn. Von hier aus lassen sich Kanutouren auf der Lahn oder Radtouren entlang des Lahn-Radwanderweges unternehmen. Anmietungen sind dort ebenfalls möglich.
Lahntalstr. 45 • 35096 Roth • Tel. +49(0)6426-92800
info@lahntours.de • www.lahntours.de

Bootsverleih Lahnpiraten

Neben individuellen Touren bietet die Firma auch Touren unter Führung von erfahrenen Crewmitgliedern an. Originell die Piratentour mit allem Drum und Dran wie Kanu, Grillen, Piratenkämpfen und Tourbegleitung. Mehr Infos: www.piratenlager-aumenau.com.
Gartenstr. 5 • 65606 Villmar • Tel. +49(0)6482-607509 und 49(0)163-2020356
info@lahnpiraten.com • www.lahnpiraten.com

Sportbootsverleih Jens Schwanke

Verleih von führerscheinfreien Sportbooten. Die fünf PS starken Elektromotoren ermöglichen nach einer kurzen Einweisung gemütliche Fahrten von Dietkirchen bis zur Rheinmündung.
Anlegestelle Dietkirchen • Tel.+49(0)171-2762471
jensschwankefh@aol.com

BIWAK Bike + Outdoor-Zentrum GmbH

Auf 1200 Quadratmetern alles rund um Rad, Boot, Trekking, Klettern.
Schaumburger Str. 1 • 65549 Limburg • Tel. +49(0)6431-9828-0
info@biwak.com • www.biwak.com

SCHLAFEN IN LIMBURG.DE

Mehr als tausend Hotelbetten, Pensionen, Ferienwohnungen sowie eine Jugendherberge und ein Campingplatz bieten vielfältige Übernachtungsmöglichkeiten, um länger in Limburg bleiben zu können. Die mittelalterliche, preisgekrönte Altstadt, vielfältige und originelle Gastronomie, Veranstaltungen und interessante Ausflugsmöglichkeiten bieten einen abwechslungsreichen Urlaub.
Mehr Übernachtungstipps: www.schlafen-in-limburg.de

ALTSTADT + CITY — Hotels

Altstadthotel Nassauer Hof

Sehr familiär geführtes, modernes Wohlfühl-, Urlaubs- und Businesshotel mit drei Sternen. Historisches Ambiente, direkt an der Lahn und der Alten Lahnbrücke gelegen. Schön gestalteter kleiner Saunabereich. Bemerkenswertes Restaurant mit Terrasse an der Lahn. ↪ *S. 99.* WLAN im ganzen Hotel. Restaurant, Tagungs- und Seminarräume, Parkplätze und Abstellräume für Räder.
30 Zimmer, alle mit Dusche/Bad/WC, Kabel-TV.
DZ ab119 Euro • EZ ab 83 Euro
Brückengasse 1 • 65549 Limburg • Tel. +49(0)6431-996-0
post@hotel-nassauerhof-limburg.de • www. hotel-nassauerhof-limburg.de

Arcadia Hotel Limburg

Modernes 3-Sterne-Hotel garni, verkehrsgünstig am Rand der Altstadt gelegen. Große, komfortable Zimmer, ausgestattet mit Schreibtisch, TV, Telefon, WLAN. Tagungs- und Seminarräume. Kostenfreie Parkplätze sowie kostenpflichtige Tiefgarage.
99 Standard- und Komfortzimmern mit Dusche/Bad/WC, SAT-TV
DZ ab 95 Euro • EZ ab 80 Euro
Schiede 10 • 65549 Limburg • Tel: (+49)6431-2070
info.limburg@ahmm.de • www.arcadia-hotel.de

Dom-Hotel Limburg

Modern eingerichtetes 4-Sterne-Hotel mit eleganter Ausstattung in historisch-klassizistischem Haus am Rande der Altstadt gelegen. Alle Sehenswürdigkeiten in wenigen Minuten zu Fuß erreichbar. WLAN im ganzen Hotel. Ausgezeichnetes Restaurant, Tagungs-, Seminar- und Banketträume. Parkplätze vorhanden.
42 Zimmer, alle mit Dusche/Bad/WC, Kabel-TV.
DZ ab 106 Euro • EZ ab 90 Euro
Grabenstr. 57 • 65549 Limburg • Tel. +49(0)6431-9010
info@domhotellimburg.de • www.domhotel.net

oben rechts: Saunabereich „Nassauer Hof“, Brückengasse 1
unten: Blick in die Barfüssergasse
rechts: Sonnenuntergang über den Dächern der Altstadt

Bella Citta Vecchia

Familiär geführte Pension in einem fast 500 Jahre alten Haus mitten in der Altstadt. Angeschlossenes italienisches Restaurant und Pizzeria mit großer Terrasse auf einem der schönsten Plätze der Altstadt. Hübsche Nichtraucherzimmer. Parkmöglichkeiten und Abstellräume für Räder vorhanden.
↪ *S. 100*
9 Zimmer mit Dusche/Bad/WC, Kabel-TV.
DZ ab 85 Euro • EZ ab 55 Euro • Drei- und Vierbettzimmer möglich
Fischmarkt 8 • 65549 Limburg • Tel. +49(0)6431-210 608
info@bella-citta-vecchia.de • www.bella-citta-vecchia.de

Gästehaus Priester

Traditionsreiches Gästehaus. Großzügige und komfortable Nichtraucherzimmer. Liegt an der Alten Lahnbrücke, am Eingang zur Altstadt. Kostenlose Parkplätze und Unterstellmöglichkeiten für Fahrräder. Hunde sind erlaubt. Nichtraucherpension.
6 Zimmer, alle mit Dusche/WC/Fön, Telefon
DZ ab 75 Euro • EZ ab 45 Euro
Westerwaldstr. 10 • 65549 Limburg • Tel. +49(0)6431-584788
Mobil: +49(0)171-2664200
kontakt@gaestehaus-priester.de • www.gaestehaus-priester.de

Preisgekröntes Foto von
Eckhard Krumpholz

von oben nach unten:
Altstadthotel Nassauer Hof
Dom Hotel
Pension Tafelspitz
Contel Hotel

Tafelspitz

Familiär geführte Pension am Rand der Altstadt. Modern und neu eingerichtete Zimmer. Großes Frühstücksbuffet ab 8.00 Uhr – auch für Nicht-Hotelgäste zu empfehlen. Restaurant mit ausgezeichneter deutscher Küche. ↪ *S. 100*. Parkmöglichkeiten und Abstellräume für Räder vorhanden. WLAN.

9 Zimmer mit Dusche/WC, TV

DZ ab 79 Euro • EZ ab 55 Euro

Grabenstr. 16–18 • 65549 Limburg • Tel. +49(0)6431-288446 und +49(0)172-6776802

info@tafelspitz-limburg.de • www.tafelspitz-limburg.de

ALTSTADT + CITY — Ferienwohnungen

Ferienwohnung Kleine Rütsche und Ferienwohnung Löhrgasse

35-qm-Ferienwohnung, zentral in der historischen Altstadt Limburgs. Die Wohnung bietet Platz für zwei Erwachsene und zwei Kinder. Liebevoll eingerichtet mit einem separaten Schlafraum (Doppelbett), Wohnzimmer mit Schlafsofa (Doppelbett), TV-Anschluss, Küche und Bad mit Dusche. Fahrradunterstellmöglichkeit.

Preise

Pro Woche: Belegung mit einem Gast 245 Euro • Belegung mit 2 Gästen ab 315 Euro

Der Wochenpreis beinhaltet die Endreinigung.

Pro Tag (Mindestaufenthalt 3 Tage): Belegung mit einem Gast 35 Euro Belegung mit 2 Gästen 45 Euro • Endreinigung 28 Euro • Servicepauschale 20 Euro

Kontakt:

Tel. +49(0)6432-5603 • kontakt@ferienwohnungen-limburg.de

www.ferienwohnungen-limburg.de

VERKEHRSGÜNSTIG GELEGEN — Hotels

Hotel Montana

An der Peripherie liegendes komfortables 3-Sterne Hotel mit kostenlosen Parkplätzen. Neu erbauter Wintergarten für Nichtraucher-Gäste. Außerdem große Grünanlage mit Sonnenterrasse. WLAN in der Lobby, teilweise auch auf den Zimmern.

54 Zimmer, alle mit Dusche/WC, Kabel-TV

DZ ab 82 Euro • EZ 58 Euro

Am Schlag 19 • 65549 Limburg • Tel. +49(0)6431-2192-0

limburg@hotel-montana.de • www.montana-hotels.de

Hotel Contel Limburg

Neues Haus der Contel-Hotelgruppe auf dem ICE-Gelände. Direkt an der Autobahnausfahrt Limburg-Süd und größtes Hotel in Limburg. Tagungsräume und WLAN im ganzen Haus.

135 Zimmer mit Dusche/WC, Kabel-TV
DZ ab 72,50 Euro • EZ ab 65 Euro
Brüsseler Str. 2–6 • 65552 Limburg-Eschhofen • Tel. +49(0)6431-5905-0
info@contel-limburg-hotel.de • www.contel-limburg-hotel.de

VERKEHRSGÜNSTIG GELEGEN **Ferienwohnungen**

Ferienwohnung Katharina Koch in Diez
Liebevoll, gemütlich und komfortabel eingerichtete 3-Sterne-Ferienwohnung der Familie Koch in Diez, nahe Limburg. Nichtraucherwohnung. Die Wohnung liegt parkähnlich und sehr ruhig. Der Bahnhof ist nur fünf Gehminuten entfernt. Diez grenzt direkt an Limburg und ist mit Auto, Bahn und Bus in wenigen Minuten zu erreichen. Die Ferienwohnung ist ein 32 Quadratmeter großes Einzimmerapartment, geeignet für 1–4 Personen. Separater Eingang, Terrasse, Wohn-/Schlafraum, vollausgestattete Küchenzeile mit geräumigem Essplatz, Bad mit Dusche/WC, TV und Radio. Radverleih und Radunterstellplatz möglich. Kinder sind willkommen und die Wohnung ist entsprechend eingerichtet (Kinderbücher, Kinderspiele etc.). Ideal für längeren Aufenthalt.
Für 1–2 Personen pro Tag 35 Euro • Ab 1 Woche Mietzeit für 1–2 Personen pro Tag 32 Euro • Jede weitere Person pro Tag 8 Euro • Einzelübernachtung 1–2 Personen pro Tag 40 Euro
Louise-Seher-Str. 7a • 65582 Diez • Tel. +49(0)6432-921163
koch.diez@online.de • www.ferienwohnung-in-diez.de

Fassade Bäckerei Hensler

Jugendherberge Limburg

Jugendherberge Limburg

Modernen Komfort bietet die Jugendherberge Limburg ihren Gästen. Sie liegt, umgeben von viel Grün, auf dem Guckucksberg, direkt oberhalb der Stadt. Zwei Volleyballfelder, Streetballkorb, Kletterbäume sowie Tischtennisplatten, ein Kicker, zwei Lagerfeuerstellen und ein Grillplatz sind vorhanden.

186 Betten in 38 Zimmern, aufgeteilt in Ein- bis Sechsbettzimmern, wobei 24 Zimmer besonders für Übernachtungen von Familien mit Kindern ausgestattet sind. Die Küche bietet Halb- und Vollpension sowie ein großes Salatbuffet.

Auf dem Guckucksberg • 65549 Limburg • Tel. +49(0)6431-41493
limburg@djh-hessen.de • www.limburg.jugendherberge.de

Innennansicht
Jugendherberge Diez

Grafenschloss-Jugendherberge Diez

Im historischen Gemäuer des romantischen Grafenschlosses liegt die moderne Grafenschloss-Jugendherberge Diez. Die Räume und das Schlossbistro sind liebevoll restauriert. Das Jugendgästehaus ist ideal geeignet für den spannenden Familienurlaub, die erlebnisreiche Klassenfahrt oder erfolgreiche Veranstaltungen.

129 Betten in Zimmern für die Ein-, Zwei-, Vier- und Mehrbettbelegung. Alle Zimmer sind mit Dusche/WC ausgestattet. Vier Aufenthalts- und Veranstaltungsräume unterschiedlicher Größe für 12 bis 65 Personen, 1 Kongresssaal für bis zu 120 Personen. Cafébar, Restaurant, Spielzimmer, Terrasse. Internet-Terminal, WLAN. Tischtennis, Grillhütte, Kinderspielplatz. Behindertengerechte Zimmer.

Schlossberg 8 • 65582 Diez • Tel. +49(0)6432-2481
diez@diejugendherbergen.de • www.diejugendherbergen.de

Lahncamping Limburg

Ruhiger Campingplatz direkt am Ufer der Lahn, ca. zehn Gehminuten zur historischen Altstadt.

Kiosk, Gaststätte, Biergarten, Anlegestelle für Wasserwanderer, Angeln, Tischtennis, Fahrradverleih

Kinderspielplatz. Direkt am Fahrradweg entlang der Lahn gelegen.

Schleusenweg • 65549 Limburg • Tel.+49(0)6431-22610
dieter@lahncamping.de • www.lahncamping.de

24h – Stippvisite in Limburg

Nur einen Tag in Limburg? Schade, aber kein Problem! Denn auch in wenigen Stunden lässt sich ein spannender, abwechslungsreicher und eindrucksvoller Aufenthalt in Limburg gestalten. Und danach wollen Sie bestimmt wiederkommen!

Gemütliches und ausgiebiges Frühstück in einem der vielen Cafés. ↪ ***ab S. 96***

Spaziergang durch die Jahrhunderte. Altstadt und Dom in 1 1/2 Stunden entdecken!
↪ ***ab S. 24***

Geschichte macht hungrig. Mittagessen ist angesagt.
↪ ***ab S. 96***

... oder: Wie wäre es mit einem Barbecue auf einem einzigartigen Grillboot mit integriertem, raucharmen Holzkohlegrill. ↪ ***S. 107***

Kurzer Espresso in einer italienischen Espressobar.
↪ ***ab S. 96***

Jetzt scheiden sich die Geister und die Wege trennen sich: Schiffstour auf der Lahn nach Balduinstein (Dauer bis 17.30 Uhr) ↪ ***S. 107***

Kunstsammlungen der Stadt Limburg

...oder: eine Runde Tretbootfahren auf der Lahn.
↪ ***S. 107***

...oder: Einkaufsbummel durch die tollen Altstadtgeschäfte.
↪ ***S. 84***

...oder: Kunst & Kultur satt. Bummel durch die Kunstsammlungen der Stadt Limburg, das Diözesanmuseum und die Galerien. ↪ ***S. 74***

Müde und hungrig? Kein Problem, es ist Zeit für Kaffee und Kuchen! ↪ ***ab S. 96***

Noch mehr Shopping! Den Rest von Limburg entdecken. Bummel durch die Fußgängerzone und WERKStadt.
↪ ***ab S. 84***

Nachtwächterführung

Zeit für das Abendessen in einem der vielen Restaurants.
↪ ab S. 96

Veranstaltung in der Stadthalle Limburg:
www.stadthalle-limburg.de.

...oder: sportlich im Bowlhouse Limburg.
↪ ab S. 108

...oder: eine originelle Nachtwächterführung mit dem Verkehrsverein Limburg. ↪ S. 133

Nightlife in Bars oder Kneipen der Innenstadt

...oder: abtanzen in der Disko „Musikpark Limburg"
↪ ab S. 102

Geschafft und müde?
Dann am besten in Limburg übernachten.
↪ ab S. 146

LIMBURG

Meine Lieblingsplätze

Feste Termine

April

Whiskymesse Eine der wichtigsten Whiskymessen weltweit!

LIMBURG

Whiskymesse in Limburg

Diese bedeutende internationale Messe rund um das Thema Whisky mit den wichtigsten Herstellern von Whisky und Zubehör macht Limburg jedes Jahr zur Whiskyhauptstadt Europas.

Eine internationale Palette von mehr als neunzig Ausstellern locken Profis und Liebhaber aus aller Welt hierher. Annähernd zweitausend Probiermöglichkeiten(!) machen die Veranstaltung zu einer der größten Whiskymessen weltweit.

Schottischer Whisky und sein irischer Verwandter Whiskey sind das zentrale Thema des Festivals. Vorträge zu den Aspekten der Whiskyherstellung und viele Verkostungsmöglichkeiten qualitativ außergewöhnlicher Erzeugnisse, sogenannte „Masterclass Tastings", runden das Angebot ab.

Highlights sind mehrgängige Dinnerevents unter der Leitung namhafter Größen der Branche, um den Teilnehmern besondere Einblicke in die Welt des schottischen „Lebenswassers", seiner Geschichten und Mythen zu bieten.

TIPP: Rechtzeitig die Übernachtung buchen. In und um Limburg ist während der Messe in der Regel alles ausgebucht! Sehr empfehlenswerte Veranstaltung, nicht nur für Whiskyliebhaber!

www.whiskyfair.de

Whiskyfair – 2000 Probiermöglichkeiten und über 90 Ausstellern

Mai

Kindertag: Spielen erlaubt! Kinder erobern spielend die Altstadt.
www.limburgeraltstadt.de

Frühlingsfest Traditionelles Fest mit Rummel auf dem Marktplatz.

Juni

Altstadtfest Dreitägiges Fest in der gesamten Altstadt mit Zehntausenden Besuchern und sieben Musikbühnen. *www.limburgeraltstadt.de*

Orchesterfestival Hochschulsinfonieorchester bieten an den verschiedensten Orten in Limburg Orchestermusik der gehobenen Qualität zu niedrigen Preisen. *www.limburg.de*

Frühlings- und Oktoberfest

Bekannte Autoren im Lesezelt

Juli

Sommerfeste Musikalische Veranstaltungen des Stadtmarketings. Überwiegend kostenlos und Open Air an der Stadthalle Limburg. (Serenadenhof) ↪ *www.limburg.de*

Rheingauer Weintage Gemütliches und sehr angenehmes Weinfest der Winzer aus dem Rheingau in der gesamten Innenstadt.
↪ *www.limburg.de*

Operngala Italienische Operngala vor der grandiosen Kulisse des Doms im Rahmen des Lahntal-Musikfestivals. ↪ *www.operaclassica.de*

August

Summer Games Viertägige Strandparty. Siebenhundert Tonnen Sand und Palmenlandschaft auf dem Neumarkt. Beachfußball- und Beachvolleyballturniere, Partys, Events und vieles mehr.
↪ *www.summer-games-limburg.de*

Orgelspaziergang Spannende Orgelkonzerte an fünf verschiedenen Spielplätzen mit fünf verschiedenen Organisten. ↪ *www.bistumlimburg.de*

Kunsthandwerkermarkt Traditionelle Handwerkskunst mit allen Facetten des Kunsthandwerks. Stimmungsvoller und sehenswerter Markt auf dem Neumarkt mit ca. siebzig Ständen am letzten Sonntag im August.
↪ *www.limburg.de*

festlich geschmückte Altstadt in der Weihnachtszeit

September

Flohmarkt Einer der größten Flohmärkte Deutschlands. 1200 Stände in der gesamten Innen- und Altstadt. ↪ *www.cityring-limburg.de*

Kunstpreis der Stadt Limburg Renommierter Preis der bildenden Kunst. Verleihung jedes Jahr im September, verbunden mit der Ausstellung des Preisträgers in den Kunstsammlungen. ↪ *www.limburg.de*

Tag der offenen Keller Historische Keller, die man sonst nie sieht! Äußerst interessante Führungen durch uralte Keller in Limburgs Altstadt. Tipp: der Keller des Weinhaus Schultes mit den riesigen 1000-Liter-Fässern!
↪ *www.limburgeraltstadt.de*

Oktober

Limburger Lesedom Parallel zur Frankfurter Buchmesse lesen bekannte Autoren aus ihren Büchern vor. ↪ *www.limburg.de*

Hans-im-Glück-Preis für Jugendliteratur Der Preis wurde 1977 vom Schriftsteller Hans-Christian Kirsch und seiner Frau gestiftet und 1987 von der Stadt Limburg übernommen.
↪ *www.limburg.de + www.hans-christian-kirsch.de*

Oktoberfest Traditionelles Oktoberfest mit Rummel auf dem Marktplatz.

Dezember

Christkindlmarkt Der Weihnachtsmarkt der Stadt Limburg und des Schaustellerverbandes. Überwiegend auf dem Neumarkt. Einige Stände befinden sich im Bereich der Altstadt (Kornmarkt und Plötze).
↪ *www.limburg.de*

Jahresausstellung der Lahn-Artists Interessante Ausstellung der Künstlervereinigung in den Kunstsammlungen – jedes Jahr zu einem anderen Thema. ➚ *www.lahnartists.de*

Ohne festen Termin

Nacht der lebendigen Schaufenster Originelle Aktionen in und vor den Geschäften der Altstadthändler, kombiniert mit Straßentheater, kostenlosen Führungen und vieles mehr machen diesen Abend zu einem der angenehmsten und interessantesten im Limburger Stadtleben!
➚ *www.limburgeraltstadt.de*

Limburger Chornacht Hörens- und sehenswerte Chornacht im Abstand von zwei Jahren an den schönsten Plätzen der Altstadt mit renommierten internationalen Chören. ➚ *www.juergenfassbender.de*

Toccata Internationales Orgelfestival An mehreren Spielorten in Limburg und an der mittleren Lahn erklingen neue und denkmalgeschützte Orgeln. Gespielt werden diese von international gefragten Festivalorganisten. ➚ *www.orgelfestival-toccata.de*

Limburger Nacht der Kirchen Vielseitiges Programm, Tänze, Musik, Lesungen, Meditationen und viel Lichterglanz in sieben verschiedenen Kirchen Limburgs. ➚ *www.limburger-nacht-der-kirchen.de*

Orgel Plus Vier außergewöhnliche Orgelkonzerte pro Jahr.
➚ *www.limburger-dommusik.de*

Konzerte in der Annakirche Orgel- und andere Konzerte in der St. Anna-Kirche. ➚ *www.limburg.de*

Schiegnitz-Orgel in der St. Anna-Kirche

Nacht der Kirchen

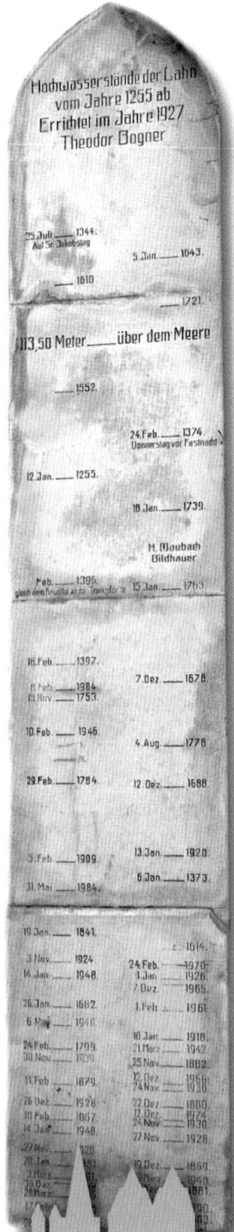

Hochwasserstände
an der Lahn seit 1255

PRAKTISCHE HINWEISE

(Alle Angaben ohne Gewähr)

Bäder

Freibad Parkbad • Tel. +49(0)6431-3950 ↪ *S. 110*
Hallenbad Oranienbad • Tel. +49(0)6432-62626 ↪ *S. 110*
Hallenbad Offheim • Tel. +49(0)6431-51455 ↪ *S. 110*

Banken

Commerzbank • Kornmarkt 9 • 65549 Limburg
Tel. +49(0)6431-2002-0 • www.commerzbank.de
Commerzbank • Bahnhofsplatz 3 • 65549 Limburg
Tel. +49(0)6431-9801-0 • www.commerzbank.de
Deutsche Bank • Hospitalstr. 5 • 65549 Limburg
Tel. +49(0)6431-9132-0 • www.deutschebank.de
Kreissparkasse Limburg • Schiede 41 • 65549 Limburg
Tel. +49(0)6431-202-0 • www.kreissparkasse-limburg.de
Nassauische Sparkasse • Neumarkt 9 • 65549 Limburg
Tel. +49(0)6431-2907-0 • www.naspa.de
Sparda-Bank • Hospitalstr. 10 • 65549 Limburg
Tel. +49(0)6431-9377-0 • www.sparda.de
Targobank • Hospitalstr. 9 • 65549 Limburg
Tel. +49(0)6431-211033
Vereinigte Volksbank Limburg eG
Werner-Senger-Str. 8 • 65549 Limburg
Tel. +49(0)6431-2906-0 • www.vvblm.de

Bischöfliches Ordinariat

Rossmarkt 4 • 65549 Limburg • Tel. +49(0)6431-295-0
ordinariat@bistumlimburg.de • www.bistumlimburg.de

Deutsche Post AG

Hauptpostamt Limburg
Frankfurter Str. 9 • 65549 Limburg • Tel. +49(0)1802-3333
Öffnungszeiten: Mo–Fr 8.30–17.30 Uhr • Sa 9–12.30 Uhr
www.post.de

Domführungen

Mo–Fr 11+15 Uhr • Sa 11 Uhr • So 11.45 Uhr
sowie nach Vereinbarung unter der Tel. +49(0)6431-929983
domfuehrungen-limburg@bistum-limburg.de • www.bistumlimburg.de

Fahrradverleih und -werkstätten

Lahntours-Aktivreisen GmbH
Lahntalstrasse 45 • 35096 Roth • Tel. +49(0)6426-92800
info@lahntours.de • www.lahntours.de
Zweirad-Center Meuer Limburg
Limburgerstr. 167 • 65582 Diez • Tel. +49(0)6432-934880
fahrrad@zweirad-meuer.de • www.zweirad-meuer.de
BIWAK Bike + Outdoor-Zentrum GmbH
Schaumburger Str. 1 • 65549 Limburg • Tel. +49(0)6431-9828-0
info@biwak.com • www.biwak.com
Lebenshilfe Limburg gGmbH
Fahrradwerkstatt • Eisenbahnstr. 1 • 65549 Limburg
Tel. +49(0)6431-993495
fahrradwerkstatt@lebenshilfe-limburg.de • www.lebenshilfe-limburg.de

Gesundheit

Anonymes Sorgentelefon:
Mo–Fr von 17–22 Uhr • Tel. +49(0)6431-26400
Opferhilfe Limburg/Weilburg
24 Std. • Tel. +49(0)6431-45045

Infos

Dombibliothek Limburg
Frankfurter Str. 2 • 65549 Limburg • Tel. +49(0)6431-22175
info@dombibliothek.de • www.dombibliothek.de
Mo, Di, Do 14.30–18 Uhr • Mi, Fr 10–18 Uhr • Sa 10–12 Uhr
RMV-Mobilitätszentrale Limburg
Bahnhofsplatz 2 • 65549 Limburg • Tel. +49(0)6431-203-248
mobil.zentrale@stadt.limburg.de • www.rmv.de
Stadtarchiv Limburg
Archiv im Schloss Limburg • 65549 Limburg • Tel. +49(0)6431-932367
info@stadt.limburg.de • www.limburg.de
Mi 8.30–16 Uhr und nach Vereinbarung

Internet/Kostenlose Hotspots

Café Marucci
Bahnhofstr. 11 • 65549 Limburg • Tel. +49(0)6431-5905670
www.cafe-marucci.de
Café Meloni
Kornmarkt 1 • 65549 Limburg • Tel. +49(0)6431-22877
www.cafe-meloni.de
(Passwörter jeweils beim Personal erfragen)

Kanu- und Bootsverleih

Lahntours-Aktivreisen GmbH
Lahntalstraße 45 • 35096 Roth • Tel. +49(0)6426-92800
info@lahntours.de • www.lahntours.de
Bootsverleih Lahnpiraten
Gartenstr. 5 • 65606 Villmar • Tel. +49(0)6482-607509 + 49(0)163-2020356
info@lahnpiraten.com • www.lahnpiraten.com
Sportbootsverleih Jens Schwanke
Anlegestelle Dietkirchen • Tel.+49(0)171-2762471
jensschwankefh@aol.com

Kreisverwaltung Limburg-Weilburg

Schiede 43 • 65549 Limburg • Tel. +49(0)6431-296-0
info@limburg-weilburg.de • www.landkreis-limburg-weilburg.de

Mietwagen

AVIS Pkw- und Lkw-Vermietung
Im Dachsstück • 65549 Limburg • Tel. +49(0)6431-955999
www.avis.de
Europcar Pkw- und Lkw-Vermietung
Limburger Str. 8c • 65582 Diez • Tel. +49(0)6432-5472
www.europcar.de
Sixt rent a car
Hoenbergstr. 7a • 65555 Limburg • +49(0)1805-252525
www.sixt.de
Buchbinder Autovermietung
Limburger Str. 74 • 65555 Limburg-Offheim • Tel. +49(0)6431-2119070
www.buchbinder.de
Cardelmar
In der Schwarzerde 1 • 65449 Limburg • Tel. +49(0)6431-215710
www.cardelmar.de

Presse

Nassauische Neue Presse • www.nnp.de
Nassauer Tageblatt • www.nassauer-tageblatt.de
Rhein-Lahn-Zeitung • www.rhein-lahn-zeitung.de
Lahn-Post • www.lahnpost.de
Limburg-Weilburg-Erleben • www.limburgweilburgerleben.de

Taxi und Flughafentransfer

Taxi-Addi • Tel. +49(0)6431-3000
Taxi-ABC • Tel. +49(0)6431-3333
Taxi-Link • Tel. +49(0)6431-54060
Taxi-Erdmann • Tel. +49(0)6431-3366
Halteplätze:
Bahnhof Limburg • ICE Bahnhof Limburg

Ticketzentrale Limburg

Bahnhofsplatz 2 • 65549 Limburg • Tel. +49(0)6431-980619
info@stadthalle-limburg.de • www.stadthalle-limburg.de
Ticket-Online-Shop rund um die Uhr: www.stadthalle-limburg.de

Wichtige Adressen und Telefonnummern siehe Umschlagseite innen und vorne!

Lahnpartie

Lieber Besucher,

Unnerschrift

dass Ihnen unsere Stadt gefallen hat, dürfte außer Frage stehen. Wo findet man so viele reizende Fachwerkhäuser, enge Gässchen, verträumte Plätze – und dies alles im Schatten eines Doms, der seinesgleichen in Deutschland sucht. Vielleicht ist es Ihnen beim ersten Limburgbesuch noch nicht gelungen, mit uns wundervollen Bewohnern in Kontakt zu kommen. Ähnlich wie beim Wald, den man bekanntlich vor lauter Bäumen manchmal nicht sieht, haben Sie vor lauter Fachwerkhäusern nicht erkennen können, wer eigentlich da drin lebt. Allein deshalb müssen Sie unbedingt wiederkommen!
Denn Limburg besuchen, ohne wenigstens mit einem Limburger in Kontakt getreten zu sein, wäre unverzeihlich. Erst ein Gespräch mit uns Einheimischen ist für jeden Fremden das eigentliche Highlight eines Besuches.
Bedauerlicherweise ist es nicht so einfach, mit uns ins Gespräch zu kommen, weil wir Limburger sehr beschäftigte Zeitgenossen sind, meist auf dem Sprung, die „im Moment gerade unheimlich viel zu tun haben". Was in der Regel gar nicht stimmt. Aber es hat sich halt so entwickelt über die Jahrhunderte. Vielleicht gab es früher einmal ein paar Schlechtschwätzer, die den Leuten die Zeit stahlen und diese haben sich dagegen gewehrt, indem sie denen schon von weitem signalisierten, dass sie in Eile sind. Wer weiß?
Wir Limburger haben deshalb spezielle Begrüßungsrituale entwickelt, um blitzschnell zu erkennen, wie wenig Zeit der Angesprochene gerade hat. Eine Begrüßung, die z. B. mit dem Wort „Gude" beginnt, bedeutet, dass der Gegrüßte mit nichts anderem antworten darf als auch mit „Gude" und dann schnell seiner Wege gehen soll.
Einem „Ei Gude" kann schon mal ein kurzer Stopp und ein munteres Gespräch mit fünf bis sechs Worten folgen. Wohingegen aus einer „Ei Gude wie?"-Begrüßung sich schon mal ein längeres Gespräch entwickeln kann – das nach zwei, drei Minuten oft mit der Verabschiedung endet:
„So is es, was willste machen?"
Dem allem können Sie aber entgehen, wenn Sie folgende Regel beherrschen: Überholen Sie uns einfach von links und schlagen Sie den Einheimischen mit seinen eigenen Waffen. Wenn Sie mit einem Limburger ins Gespräch kommen wollen, dem man schon von weitem ansieht, wie beschäftigt er ist, tun Sie noch beschäftigter und beginnen Sie ihre Kommunikation mit „Ich hab da mal ne ganz, ganz kurze Frage, könnten Sie mir bitte mal ganz schnell sagen ...". Und wenn es Ihnen gelingt, dies so echt vorzuspielen, dass er ihnen das abnimmt, werden sich die Rollen schnell tauschen und er wird versuchen, Sie runterzubringen und in aller Ruhe auf alle Fragen eingehen. Allein schon wegen dieses Erfolgserlebnisses lohnt es sich, nochmals nach Limburg zu kommen.

Dieter Thomas, Kabarettist und Edelsäcker aus Limburg
www.fronttheater.de *www.sternederheimat.de*

DANKE!

Solch ein umfangreiches Buch kann nicht ohne Hilfe entstehen. Ich danke allen, die mit vielen Ratschlägen, Informationen und Fotos geholfen haben. Insbesondere Bürgermeister Martin Richard, der dem Projekt von Anfang an offen gegenüberstand und es tatkräftig unterstützt.

Ebenso dem Stadtmarketing, hier vor allem Sandra Köster und Ulrich Wolf, dem Stadtarchivar Christoph Waldecker und der Mitarbeiterin im Stadtarchiv Monika Jung sowie dem Verkehrsverein Limburg. Das Kapitel „Holz und Lehm" entstand mit Unterstützung der Architektin Angela Meyer, Untere Denkmalschutzbehörde der Kreisstadt Limburg a. d. Lahn (die außerdem die exzellenten Zeichnungen dafür anfertigte) und Markus Saal, dem Leiter der Abteilung für Stadtsanierung. Birgit Eisenbach, eine unserer bekanntesten Stadtführerinnen und profunde Kennerin der Altstadt hat mit ihren umfassenden Kenntnissen beim „Spaziergang durch die Jahrhunderte" tatkräftig mitgeholfen. Viele interessante Hinweise kamen hierzu auch von Johann Georg Fuchs, dem Autor des Standardwerkes über die Limburger Fachwerkhäuser. Er hat in jahrzehntelanger Arbeit ein Buch geschaffen, in dem er einen detaillierten Blick auf die einzelnen Häuser, Sehenswürdigkeiten und historischen Ereignisse ermöglicht. Die ergänzte und verbesserte 2. Auflage ist im Buchhandel erhältlich und zur Vertiefung unbedingt zu empfehlen. Das Kapitel „Domberg" und „Lubentius-Basilika" entstand in Zusammenarbeit mit dem Kunsthistoriker Dr. Gabriel Hefele. Vielen Dank für die Geduld und das zur Verfügung gestellte Fachwissen.

Meinem Grafiker Hermann Stamm, der in mühevoller Kleinarbeit das Buch gestaltete und sein professionelles Wissen für das grafische Entstehen beisteuerte, gilt mein besonderer Dank. Dieser geht natürlich auch an Eckhard Krumpholz, der nicht nur seine preisgekrönten Unterwasseraufnahmen von der Lahn kostenlos zur Verfügung gestellt hat. Außerdem an Sascha Braun, von dem viele Fotos stammen und der immer sofort mit Bildern zur Stelle war, wenn ich welche gebraucht habe.

Mein Dank geht weiterhin an:
Bistum Limburg, Domkapitel, Diözesanmuseum und Pressestelle • Christa Pullmann, Christlich-Jüdischer Verein Limburg • Eva Reck, Touristeninformation Diez • Dieter Thomas, Kabarettist, für seinen „Nachschlag" • Wanderfreunde Dietkirchen • Heinz Weil für Tipps im Bereich der Radwege

Trotz aller Gründlichkeit und sorgfältiger Recherche schleichen sich Fehler ein, für die der Autor alleine verantwortlich ist und keine Haftung übernehmen kann.

Harald Wagner, Limburg im Juni 2011
haraldwagner@limburg-entdecken.de
ISBN 978-3-00-031762-0

FOTONACHWEIS

Wagner Harald, Autor, www.limburg-entdecken.de: S. 4 • 7 • 21 • 28 • 29 o., m., r. • 32 l. • 33 l. + r. • 34 l. + r. o. • 38 r. o + r. u. • 42 • 44 l. o. + l. u. + r. u. • 52 u. r. • 53 • 54 l. • 55 r. • 56 r. o. • 57 • 58/59 • 60 • 61 • 62/63 u. • 64 l. • 64/65 • 75 • 76 1. v. o. • 82 u. • 85 • 86 u. • 87 u. • 89 2. v. o. • 90 u. • 97 u. • 98/99 • 100 u. • 101 1. v. o, 2. v. o., 4. v. o. • 103 • 109 l. • 110 l. • 121 o. + m. • 123 • 129 • 134/135 • 136/137 • 138/139 • 140/141 • 147 o. + u. • 149 1. v. o. + 2. v. o. + 4. v. o. • 163 • 164 **I Krumpholz Eckhard,** Die Lahn von unten. Seine Ansicht der Lahn ist ungewöhnlich. Der Fotokünstler Eckhard Krumpholz (www.photos-subjektiv.de) porträtiert den Fluss aus der Froschperspektive. Von der Quelle bis zur Mündung gleichzeitig unter und über der Wasseroberfläche. Ein Konzept, für das er 2005 den Nassauer Kunstpreis erhielt und das auch als fertige Fotoausstellung verfügbar ist. SPIEGEL ONLINE nannte den Limburger im Jahr 2010 einen „der besten Unterwasserkamera-Artisten der Welt": S. 6 l. • 111 o. • 142/143 • 144 • 144/145 • 148 **I Braun Sascha,** Limburg: arbeitet as freier Journalist und Fotograf für mehrere Zeitungen in der Region, www.saschabraun.de: S. 5 • 6 r. • 19 • 24 • 25 • 26 l. + r. • 27 o. + u. • 29 u. • 36 • 37 l. + r. • 38 l. • 39 • 40 • 41 l. o • 43 • 44 o. r. • 45 • 46/47 • 47 • 48 • 49 l. o. + r. • 52 l. o. • 62 l. • 68 • 70 • 72/73 • 73 • 76 2. v. o. • 78 2. v. o. • 83 m. • 84 • 89 o. + r. • 90 o. l. + o. r. • 93 l. u. + r. u. • 94 u. • 101 3. v. o. • 106 • 108 • 110 r. • 115 • 117 u. • 120 u. • 146 • 147 l. • 149 u. • 150 • 151 o. • 152 u. • 153 o. • 154 • 155 • 156 • 157 • 158/159 **I Stadtarchiv Limburg:** S. 11 l. • 12 • 14/15 • 15 • 17 o. + u. • 18 o. + u. • 34 r. u. • 41 r. • 51 • 54/55 • 62/63 o. • 160 • **Stadtmarketing Limburg:** S. 1 l. • 2 • 8 • 9 • 24/25 • 30 • 31 • 49 l. u. • 50 • 63 r. • 107 • 132 **I Stamm Hermann,** Grafiker: S. 111 r. • 114 • 133 • 135 r. • 142

Architekturbüro Stephan Dreier, Brechen: S. 20 l. **I Bäckerei Huth,** Limburg: S. 87 2. + 3. l. **I Bäckerei Hensler,** Limburg: S. 87 o. r + o. l. **I Berg- und Klettersportverein Friends Goldener Grund:** S. 109 r. **I Bistum Limburg:** S. 56 l. • 56 r. u. • 66/67 • 67 • 69 **I Café Meloni,** Limburg: S. 98 u. **I Carpe Diem,** Limburg: S. 80 u. **I Creative Patisserie,** Gückingen: S. 96 • 105 **I Dieler Kerstin,** Fotografin, Limburg: S. 3 + 153 u. r. **I Flögel Walter,** Limburg: S. 20 u. **I Fotolia:** S. 35 Fotolia.com/Roman Sigaev • S. 97 o. r. Fotolia.com/Doris Heinrichs • S. 152 o. Fotolia.com/Ernst Fretz • S. 152 m. Fotolia.com/haveseen • S. 153 m. Fotolia.com/photo-dave • S. 153 u. Fotolia.com/dusko **I Frey Matthias,** Schönborn: S. 82 o. **I Gedenkstätte Hadamar:** S. 121 u. • 122 **I Grube Fortuna,** Solms-Oberbiel: S. 127 u. **I Hergemöller Björn,** www.untertage-übertage.de: S. 94 o. + m. **I herz service,** Limburg: S. 78 u. **I Josef-Kohlmaier-Halle,** Limburg: S. 76, 3. + 4. v. o. **I Jugendherberge Diez:** S. 120 o. • 151 u. **I Kapelle Himmel und Erde,** Limburg: S. 99 r. • 100 o. **I Keramikmuseum Westerwald,** Höhr-Grenzhausen: S. 128 u. **I Kleinkunstbühne Thing,** Limburg: S. 78 1. v. o. **I Kubacher Kristallhöhle,** Weilburg: S. 127 o. **I Kramb Achim,** Limburg: S. 12/13 **I Kunstsammlungen der Stadt Limburg:** S. 32 o. • S. 74 **I Landhotel zum Bären,** Balduinstein: S. 104 **I Lahn-Marmor-Museum e.V.,** Villmar: 124 u. • 125 **I Laubach Johannes,** Limburg: 162 **I Limburger Domchor:** S. 80 m. **I Muscat,** Limburg: S. 89 l. u. **I Naturpark Stöffel,** Enspel: S. 128 o. **I Pfarrgemeinde Dietkirchen** (Markus Wirth): S. 116 o. • 117 o. **I Postma Monika,** Laurenburg: S. 119 l. u. **I Reck Eva,** Fremdenverkehrsbüro Diez: Logos der Rad- und Wanderwege **I Reinhard & Sonja Ernst-Stiftung,** Wiesbaden: S. 32 2., 3., 4. v. o. **I Schepp Peter,** Förderverein Römisches Forum, Waldgirmes e.V.: S. 124 o. **I Schloss Braunfels,** Rentamt: S. 119 o. + r. **I Sternwarte Limburg:** S. 112 **I Tafelspitz Limburg:** S. 100 m. • 149 3. v. o. **I Terrakotta Krieger Museum,** Weilburg: S. 126 **I Tourismusbüro Weilburg:** S. 83 o. • 118 **I Villa Konthor,** Limburg: S. 102/103 **I Wild- und Freizeitpark Gackenbach:** S. 130 **I Weingeistreich,** Limburg: S. 80 o. **I WERKStadt Limburg:** S. 92/93 o. • 95 **I WERKStadt-Lounge,** Limburg: S. 78 3. v. o.

QUELLEN- UND LITERATURHINWEISE

Fuchs Johann-Georg:
Limburger Altstadtbauten. Bürger und Begebenheiten
2. erg. u. verb. Auflage 2006

Fasti Limpurgenses 1336–1398
Die Limburger Chronik des Tilemann Elhen von Wolfhagen
Unveränderter Nachdruck der barocken Ausgabe von 1720
Herausgeber: Peter Jentzmik (2010)
ISBN 978-3-930428-19-9

Jung Monika:
Totengedenken und Grablegen in Limburg (2011)

Limburg im Fluss der Zeit: Schlaglichter aus 1100 Jahren Stadtgeschichte (2010)
Herausgeber: Magistrat der Kreisstadt Limburg a. d. Lahn
ISBN 978-3-936162-08-0

1100 Jahre Limburg – Kochen im Fluss der Zeit
Limburger Rezepte aus unterschiedlichen Epochen (2010)
Herausgeber: Magistrat der Kreisstadt Limburg a. d. Lahn und Deutscher Hausfrauenbund Limburg
ISBN 978-3-936162-09-7

Altstadtsanierung Limburg
Daten, Fakten und Objekte
Herausgeber: Magistrat der Kreisstadt Limburg a. d. Lahn

Limburg a. d. Lahn
Forschungen zur Altstadt
Die Limburger Fachwerkbauten des 13. Jahrhunderts, Heft 2 (1997)
Herausgeber: Magistrat der Stadt Limburg a. d. Lahn
ISBN 3-9802789-6-4

Limburg a. d. Lahn
Forschungen zur Altstadt
Die Limburger Fachwerkbauten des 14. und 15. Jahrhunderts, Heft 3 (2002)
Herausgeber: Magistrat der Stadt Limburg a. d. Lahn
ISBN 3-9802789-9-9

Ungewohnte Blicke auf die Limburger Altstadt
Herausgeber: Magistrat der Stadt Limburg a. d. Lahn
ISBN 978-3-936162-07-3

Limburger Dom
Kunstführer
iPhone-Applikation von Artguide. Erhältlich im iTunes Store.
Mehr Infos www.artguide.de

Hagen Paul-Josef: Limburg an der Lahn
Chronik unserer Stadt geordnet nach Jahren
Herausgeber: Verkehrsverein Limburg e.V.
ISBN 978-3-00-033809-0

Maibach Heinz: Dokumente zur Limburger Stadt- und Kreisgeschichte 1870-1945 (1993)
ISBN 3-9802789-2-1

Scheibe Mark: Schinderhannes und seine Bande (1804)
2. Auflage 2009
ISBN 978-3-9813188-1-4

Schirmacher Ernst: Limburg an der Lahn (1963)
Entstehung und Entwicklung der mittelalterlichen Stadt

Schwester Theresia Becker, Franziskanerin von Nonnenwerth: Klöster in Limburg vom Mittelalter bis in die Gegenwart (2010)

Sternberg Leo: Limburg als Kunststätte (1911)
(unveränderter Nachdruck 1984)
ISBN 3-924976-03-1

Stille Eugen: Limburg an der Lahn und seine Geschichte (1971)

Thies Volker, Laubach Johannes:
Entdeckungen im Limburger Land
Arbeit und Alltag im alten Hessen-Nassau (2010)
ISBN 978-3-7973-1181-8

Wälde Rainer: Typisch Limburg (2010)
MediaBuch mit Film.
ISBN 978-3-927825-08-6

Waldecker Christoph: Limburg an der Lahn (2010)
Großer Kunstführer
ISBN 978-3-7954-2332-2

Waldecker Christoph:
Limburg a. d. Lahn in historischen Ansichten (2010)
ISBN 978-3-86680-733-4

REGISTER

Parkplätze und Parkhäuser im Parkleitsystem, kostenpflichtig
1. Park- und Garagenhaus Altstadt
2. City-Parkhaus
3. Parkhaus Karstadt
4. Tiefgarage Stadthalle/Rathaus
5. Parkplatz Neumarkt
6. Parkhaus Bahnhof
7. Tiefgarage Kreissparkasse
8. Parkplatz WERKStadt
Parkplätze und Parkhäuser kostenpflichtig, nicht im Parkleitsystem
9. Parkdeck Hospitalstraße
10. Parkdeck Friedhof
11. Parkhäuser Krankenhaus
12. Parkplatz Tal Josaphat
13. Kurzzeitparkplatz Bahnhofsplatz
14. Parkplatz Frankenstraße
15. Parkplatz Cineplex
16. Parkplatz und Tiefgarage „Am Philippsdamm"
Parkplätze, kostenfrei
1. Parkplatz Marktplatz
2. Parkplatz Austraße
3. Parkplatz Freiherr-vom-Stein-Platz
4. Parkplatz Westerwaldstraße
5. Parkplatz Schleuseninsel
6. Busparkplatz „Am Philippsdamm"
Parkplätze, kostenfrei nur nutzbar an Samstagen und Sonntagen
1. Parkplatz Blechwarenfabrik
2. Parkdeck Güterbahnhof
3. Parkplatz Am Huttig
4. Parkplatz „Haus der Dienste"
5. Parkplatz „Bischöfliches Ordinariat", Roßmarkt
Eisenbahn
Fußgängerunterführung
Hauptstraße
Straße
Innenstadt
Fußgängerzone
Gebäude
Busparkplatz
Bahnhof
Kirche/Kapelle
Kreisverkehr
Campingplatz
Richtungsweiser
Informationsstelle
Bundesstraßenschild
Autobahnschild
Spielplatz
Limburg Nord A3
Limburg Süd A3
B8
B49
B54
B417
Lahn
Parkbad
Schiede
Ste-Foy-Straße
Diezer Straße
Grabenstraße
Eschhöfer Weg
Eisenbahnstraße
Frankfurter Straße
Wiesbadener Str.
Holzheimer Straße
Konrad-Kurzbold Straße
Alte Lahnbrücke
Brückenturm
Dom
Schloß
Rathaus
Stadthalle
WERKStadt
DB
ICE
Tal Josaphat
Am Meilenstein
Dresdener Str.
Breslauerstr.

Legende 3-D-Ausklappkarte Altstadt

Dom mit Schloss
↪ *S. 50 + 61*

[q] St. Michaelskapelle
↪ *S. 60*

[w] Domplatz 7 (Alte Domvikarie)
↪ *S. 64*

[x] Diözesanmuseum mit Domschatz
↪ *S. 65*

[2] Alte Lahnbrücke
↪ *S. 25*

[3a] Katzenturm
↪ *S. 26*

[6] Haus der sieben Laster
↪ *S. 27*

[7] St. Johanniskapelle
↪ *S. 28*

[10] Römer 2-4-6
↪ *S. 29*

[11] Rütsche 5
↪ *S. 30*

[14] Fahrgasse 5 (Walderdorffer Hof)
↪ *S. 32*

[18] Fischmarkt 6 (Neuer Rebstock)
↪ *S. 36*

[25] Kunstsammlungen der Stadt Limburg
↪ *S. 39 + 74*

[36] Plötze 14 (Weinhaus Schultes)
↪ *S. 44*

[37] Plötze
↪ *S. 44*

[40] Kornmarkt 1
↪ *S. 45*

[43] Barfüßer Str. 1-3
↪ *S. 46*

[50] Stadtkirche
↪ *S. 48*

[46] Rossmarkt 15 (Waldmannshausener Hof)
↪ *S. 46*

[51] Trombetta Haus
↪ *S. 48*